心一堂術數古籍珍本叢刊

書名：地理元合會通二種（下）
系列：心一堂術數古籍珍本叢刊　堪輿類　第二輯　224
作者：【清】姚炳奎
主編、責任編輯：陳劍聰
心一堂術數古籍珍本叢刊編校小組：陳劍聰　素聞　鄒偉才　虛白盧主

出版：心一堂有限公司
通訊地址：香港九龍旺角彌敦道六一〇號荷李活商業中心十八樓〇五—〇六室
深港讀者服務中心：中國深圳市羅湖區立新路六號羅湖商業大厦負一層〇〇八室
電話號碼：(852)67150840
網址：publish.sunyata.cc
電郵：sunyatabook@gmail.com
網店：http://book.sunyata.cc
淘寶店地址：https://shop210782774.taobao.com
微店地址：https://weidian.com/s/1212826297
臉書：https://www.facebook.com/sunyatabook
讀者論壇：http://bbs.sunyata.cc/

版次：二零一八年十一月初版
平裝：兩冊不分售

定價：港幣　六百八十元正
　　　新台幣　兩千六百八十元正

國際書號：ISBN 978-988-8582-08-2

香港發行：香港聯合書刊物流有限公司
地址：香港新界大埔汀麗路36號中華商務印刷大廈3樓
電話號碼：(852)2150-2100
傳真號碼：(852)2407-3062
電郵：info@suplogistics.com.hk

台灣發行：秀威資訊科技股份有限公司
地址：台灣台北市內湖區瑞光路七十六巷六十五號一樓
電話號碼：+886-2-2796-3638
傳真號碼：+886-2-2796-1377
網絡書店：www.bodbooks.com.tw
台灣國家書店讀者服務中心：
地址：台灣台北市中山區松江路二〇九號一樓
電話號碼：+886-2-2518-0207
傳真號碼：+886-2-2518-0778
網絡書店：http://www.govbooks.com.tw

中國大陸發行　零售：深圳心一堂文化傳播有限公司
深圳地址：深圳市羅湖區立新路六號羅湖商業大厦負一層〇〇八室
電話號碼：(86)0755-82224934

心一堂微店二維碼

心一堂淘寶店二維碼

重鐫地理元合會通錄

何維樸題

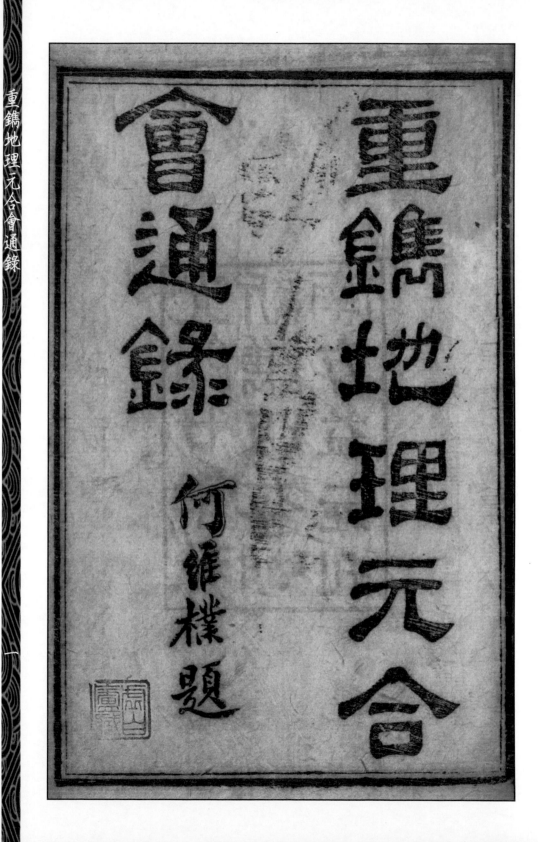

光緒廿年秋
新鐫版存湖
南方益元刊

褚先生補史記言占家有五行堪輿叢辰建除天文太一各据所學爲吉凶而漢書藝文志堪輿金匱入之五行宮宅地形入之形法實爲後世言理氣形勝之祖班氏之言曰形與氣相首尾亦有有其氣而無其形有其形而無其氣此精微之獨異也晉以後葬書無以逾此然陰陽五行之書類次數十家而後無傳者豈其學不逮楊曾之流耶其時人事勝而假吉凶爲小數世猶不甚貴之自靑囊都天玉尺之書出術家衍而傳之其辭迷離惝恍伏而不宣而其術或小驗於是倚託坿會爭鳴於時壞大以爲小創

遠以爲近而堪輿之書持一說以求勝至繁而不可紀究
論天地之氣融而爲山川結而爲土石追其形既成而氣
之鼓盪其中者相依而不能舍如帷燈然東西南北見之
皆知其燈也而在東者曰是不宜西在西者曰是不宜東
所言皆有見也而紛紜之說以生各守其師說據以爲見
則術譌析而言譌歧吾友姚𨚗丞習於其術乃譌取諸家
之言所以損譌異同指陳其事例而推竟其源流命曰元
合會通元者縱合者橫其說各有所勝扞格不相入而要
之歸本五行故曰五行爲主人取諸五行者也𨚗丞會而

通之。通其所以爲異同者。則其相敵也。而皆可收之以爲術。而諸家之言。迷離惝怳。相與守之爲要祕。舸丞一一爲之發其覆而抉其藩。舸丞得是書行之。不言堪輿可也。讀舸丞是書。又更以其堪天而輿地者。會通是書之中。其庶幾有所得矣乎。時同治九年。歲次庚午。長至日。郭嵩燾。

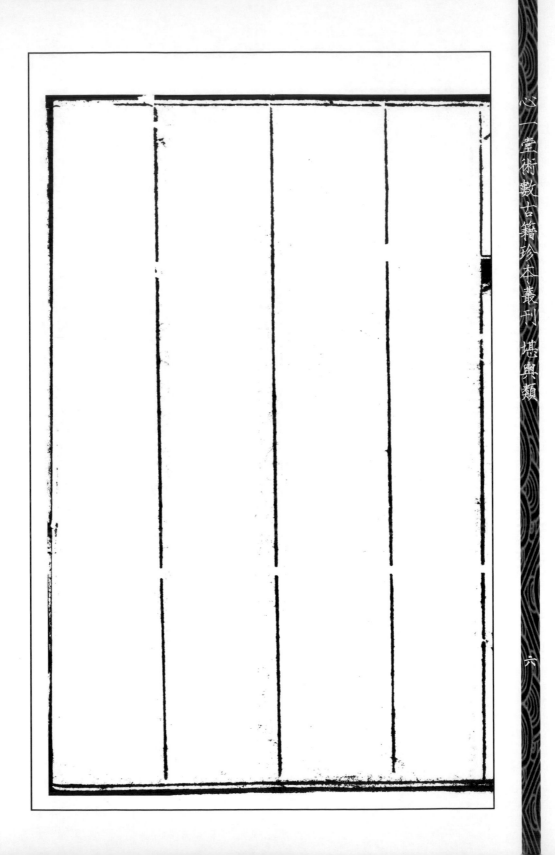

渟峙之樂。智仁共承。吾嘗歷閩粵。跨秦隴。試灝灑洶湧之雄。躡岑崋嶔嵜之險。衣振綴螺。纓濯鼇蛟。玉折不際。碧環無既。則欲探天根。抉地肺。破亭毒奧窔之崎。泝山根鬱律之趣。御風行遠。襆被何從。乃歎蒼鬱之靈難盡。胎息之奧終秘。固智膠而理軏矣。姚君明經舸丞。効其經史。獨闢經緯之竅。長闊山川。遂麗參商之星。鴻睽十秋。雅負同志。蕪譚一夕。復客三山。怳招書之不功。企考槃之獨晤。蓋怡籧廬之白雲。謚感甲帳之春樹已。夫泉養源而智瑩。桑樂閑而心遠。肺肝鐫其梡胙。心胸羅以星宿。蒹葭秋水。淪伊人之性。風雨西山。恬彼美之夢。萬物觀靜。宗予胞宏。掌指坤輿。息通乾運。一事之恥不知。眾理之收。以約名山。著述馨桂。四流爾室。絃歌芳蘭。久沁。是以泉清在山。玉輝韞璞。思雲抽濤。身。月證皓。曕。空露夕。而。野霞朝。忘。瑤琴之言。樂。澂瓊簡之理潑。風生習習。人上羲皇。日馭遲遲。世無漢魏。此樂弗告。悅性永年。姚君殆庶幾也。庚午冬。鄭寄元合會逼一書。丐予弁語。牧堂形勢成綺散。自餘霞考亭。風水泰雲出而徧雨。三才既貫。曲藝亦名。百川注而海宗。一斑蔚而虎露。姚君豈斤斤待螯也哉。惟是蕤旅佛髻。士著仙掌。大雅誚多。遠行文愧。若其貴紙洛陽。律東都十禩之賦。覺迷中土。作南指萬里之車。琅函可證。鐘撞則鳴。予何知焉。他日長揖田歸。舊締雲山之伴。閒身笻倚。清茹山水之樂。鹿夢不迷。鴻飛同遠。予之願也。姚君亦有意乎。軍行倥傯驛遞悤促。因錯落弁數言。大清同治十年。歲次辛未。莫春月上巳後一日。

欽差大臣統帶甘肅南路各軍翼長前任福建延建邵兵備道護理福建巡撫部院兼署布政使司布政使

誥授榮祿大夫　賞戴花翎二品頂戴　研愚弟周開錫撰

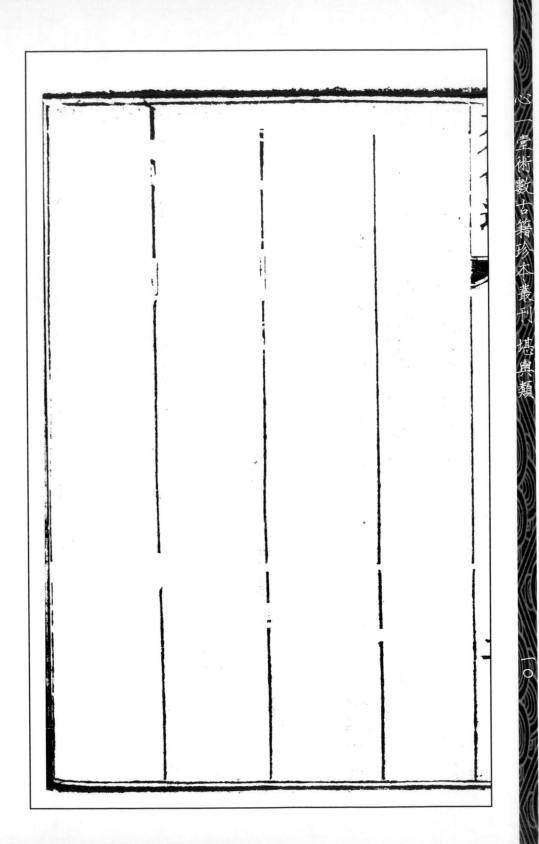

敘

郭宏農謂葬者、乘生氣也。然地無氣。以天之氣爲氣。而理即倚于其中。天下止一理。即止一氣。人得而稟之、而集之、而護之。遂爲聖賢、爲忠義。而地之凝聚此氣者。於以毓秀而鍾靈。天地人、本自相通者也。古之習聖學者。無不洞其閫奧。自秦漢以後。始流爲陰陽一家。詡儒者或鄙而不屑。然而推究其原。即上律天時。下襲水土之所見端也。第爲下士所託。紛紛橫議。乃成俗術耳。予自幼嗜山水。君有夙契。于其間。童而習之。迄今皓首。頗得一斑。因見坊間所市有所謂三合三元者。入主出奴。莫衷厥是。乃不揣固陋。發其蒙。破其守。遂一分注。名曰會通錄。俾學者一見了然。得知三才一理。於格致誠正之功。未必無小補。昔人云。即花葉以求春。春不可見。舍花葉以求春。春更杳然。是錄也。談理氣者之所會歸也。謂地道即在是耶。而亦何嘗不在是。三十六宮都是春。可于此中求之。

同治十年辛未清明日

益陽姚諄敎炳奎識

參訂姓氏

湘陰郭嵩燾志城　華容劉乙燃小山　達摩僧東林
綿竹孫桐生小峯　平江淩漢倬雲陔　上林僧西枝
壽州韓殿甲賡颺　永順姜順昌蒲菴　益陽周開銘桂塢
湖北曹澍鍾頴生　瀏陽張延覲子湘　譚定澍聖泉
長沙曹杰南岳樵　湘陰任紹昉謣堂　徐維澧碧潭
武陵柳萬春蔭堂　善化歐陽侗松石　胡棐貢珏軒
湘鄉趙煥聯玉班　永順趙向琦紫崖　周賢杰芷湘
長沙宋佪南楚卿　寧鄉趙詳斐卿　熊達昌曉樓
陳[illegible]樵

湘陰楊壽嵩綬峯
湘鄉李續燾璞陔
廣順但培良幼湖
長沙陳海鵬程初
浙江王家儆若農
安徽韓殿爵淦泉
廣西黎承恩輔仁
長沙周瑞麟雨香
江西李應春訓鑾
江西羅振雲竹坡

長沙戴毅斯吾
醴陵戴士毅達賓
濤泉丁驛子開
湘陰郭家銓衡唐
長沙高壽田葆吾
江蘇施在鈺礪鄉
畊純
圃生
湘潭胡松榮桐仙
寧鄉黃禮堂月岩
沅江陳維鼎笛瀾
安化姚士沅海濤

龍斐哲午喬
蔡增澍群雲
彭嗣祚鼎勳
王德基璞嶽
熊家鍔雨三
楊炳政午奚
羅士鍔湘藻
周帳源少姻
段瑩仙舫
任典儀稼軒
姚一柱澂雲
姚文淮玉喬
姚德丰勖宜
姚榮發遠程
姚禮權興甫
姚文運覺岑
堂兄
炳塈墨林
純品軒

地理元合會通錄目

卷一

第三層洛書
第四層二十四位
第五層穿山七十二
第六層正鍼内分金
第七層天星
第八層九星
第九層十二次舍
第十層太陽躔次
十一層盈縮六十龍

第四層黃泉
第五層九星
第六層正鍼二十四位
第七層節氣
第十層中鍼二十四位
十一層天星
十二層平分六十龍
十三層縫鍼二十四位
十四層縫鍼外分金

卷八

三元指迷賦
雜卦水斷
先天八卦斷
易卦取象歌
同治新歷量天尺過宮度數
范名廷二十八刲歌訣
砂法公位
水法公位
放水公位

凹風斷
白蟻斷
治白蟻法
止鬼祟盜賊法
納甲說
納音說

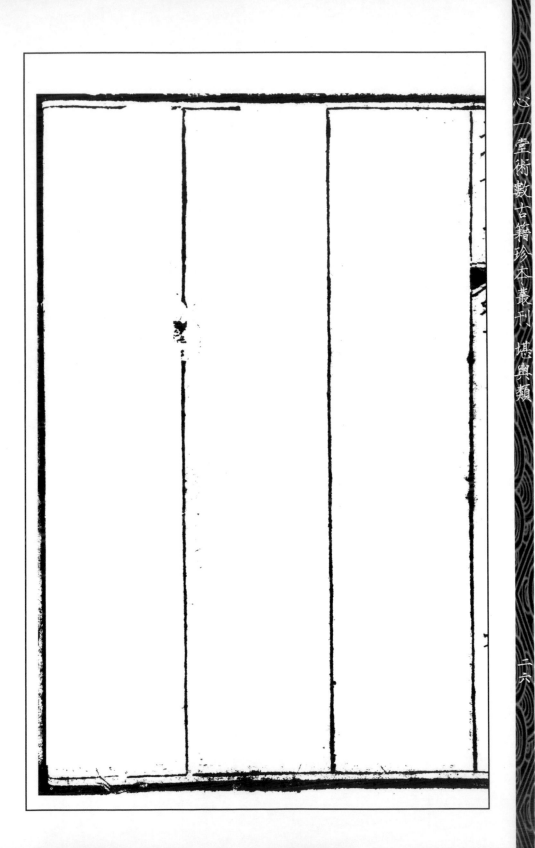

自古言堪輿者三家。巒頭曰形家。選擇曰日家。理氣曰法家。巒頭主體。山岡水洋平陽。千變萬狀。該以龍穴砂水。選擇輔理氣之用。而理氣尤形勝之指南。葢氣與形相表裏。有地形即有地氣。形徵於實。氣運於虛。實者迹象可憑。虛者幽渺鮮據。認形易眞。認氣難的。此理氣諸書。所以爭持其勝也。吾讀河洛精蘊。而知三盤鍼路。至理貫輸。精而且奧。讀地理辨正疏。而知三元運令。一氣流行。廣而且大。嘗欲輯爲一書。覺地學之迷津。以無暇晷搆思。即望洋而返。益陽姚君舸丞。所著元合會通。發明理氣之義。三元三合。

挨星輔星。皆能窮其源流。證其同異。適合節見。以是書為準繩。則言巒頭者。庶知形氣之統貫。言理氣者庶知本原之指歸。而不至牽強執見。臆斷憑私矣。方今行術之士。抄本盈筐。祕訣滿口。攻擊互黨。各持一是。其膚淺者諂俚詞陋。挾技取巧。識者每非笑而深鄙之。其貌為緘默。自炫神奇者。則惝恍其辭。支離其說。以高深文驕吝。其蔽也詐而誇。而遵為地師者。實受害于不覺。以先人之遺骸。聽此輩之愚弄。此輩不足責也。奈何為人子者。皆執迷不悟也。得是書讀之。知配龍乘氣。納水消砂。而點穴立向。有不可移之正執。其有功於世道非淺也。更進之以巒頭。兼之以選擇。斯誠集地學之大成矣。亦何莫非上律天時。下襲水土之微義哉。同治十年歲次辛未冬十月初吉新化鄒湘倜

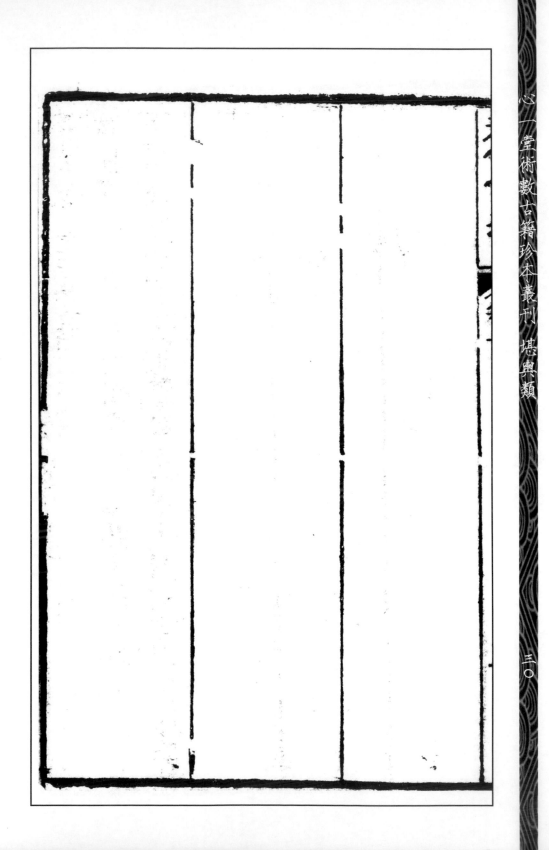

憒音慢蕢聵

例言

一地學首重巒頭形勢不確。三合三元俱無益也。第巒頭難在點穴。張倚雲謂十年知尋龍。二十年始識點穴。洵知言也。予自幼喜讀形勢書。及壯猶憒憒然于穴之所在。乃舉先輩理氣諸書。晝夜尋繹。始有所晤。蓋格龍乘氣。納水消砂。皆點穴之妙用。要在學者于巒頭上領取其微意耳。拘理氣以求巒頭不可。強巒頭以合理氣尤不可。洞悉其微。自然相通而相證也。

一理氣一門。紛紛其說。不止三合三元兩者而已。但近日所用。有賴盤蔣盤二種。分門別戶。賴盤不第三合而以三合盤目之。蔣盤不第三元。而以三元盤目之。泛言理氣學者。無所取證。不易分明。況理氣出賴盤蔣盤外者。卽不足用乎。故將兩盤逐層分注。而曲中其義。言簡而該。一見能解。但乎只著明正理。不效術家之韓。斥各家之非。以伸己之是。學者取各書互觀之可也。

一三元之說。本于洛書。古來言氣數者。皆主之。如孟子五百年必有王者興。而所以五百之故。則卽三元之義也。蓋氣數出于洛書。大小運。大運分三元。每甲子行一宮。

每宮主六十年。故六九五百四十年。而天運一大轉。小運亦分三元。每元一甲子。每二甲子一宮。每宮主二十年。故二九一百八十年。而天運一小轉。昔人所謂陽九百六之厄。是也。前漢劉歆曰。八卦九章。相爲表裏。張衡曰。聖人重之以卜筮。雜之以九宮。皆言三元之義。邵子元會運世之學。亦本此而推廣之耳。迨元季無著大士。著紫白賦。明幕講禪師。傳玉鏡正經。由是三元之學。盛行于時。蔣公踵而行之。于平洋陽宅爲尤宜。故所著歸厚錄。葉氏亦收入地理大成內。有以也。

一三合之說。始于漢。淮南子云。木生于亥。壯于卯。死于未。三辰皆木也。火生于寅。壯于午。死于戌。三辰皆火也。土生于午。壯于戌。死于寅。三辰皆土也。金生于巳。壯于酉。死于丑。三辰皆金也。水生于申。壯于子。死于辰。三辰皆水也。故五勝、生一、壯五、終九。五九四十五。故神四十五日而一徙。以三應五。故八徙而歲終。今其書固在也。不始于楊筠松。楊公特用其法于水。作縫鍼以收之耳。學三元者祇之。謂爲嘉隆以下。人所僞託。亦拘墟之見也。

一理氣諸書。重複穿鑿。蔣公一一洗而空之。如朱子註鄭衛誌。悉去註疏家說。不無廓清之功。然註疏之精確者。固自在也。而注將公書者。更有甚焉。以此一桶水。注彼一桶。了無意味。令人生厭。學者勿取而入目焉。可也。

一理氣備于羅經。止正鍼、盈縮、穿山、分經、四者爲要。得其義便知葬地。卽所以葬天。足與郭氏葬者乘生氣之意相發明。大有裨益于巒頭。不必拘牽于三合三元及諸書之糾紛不已也。子之爲是錄也。將以省學者之精神。使從事于形勢。得吉穴以安其父母。而又不至于吉地葬凶。爲仁人孝子之一助也云爾。

一理氣之用。專主立向。巒經爲立向計也。故作龍氣砂水四篇。列于羅經分注之後。詳言用法。使閱者先明其理。即得其用。而卦氣及各家之說。有裨實用。而經驗者亦爲剖析列于其末。舉三合三元而一之。合其得入卷。

一理氣所以輔巒頭。或畏其書多紛雜不可曉。嘗謂巒頭如圍棋。易學而難精。理氣如象棋。難學而易精。會見有習巒頭數十年。按其所扦無一合法而有驗者。蓋徒知重龍重局。而乘氣不淸。斯穴法不確。故終其身無所得也。須取是錄。細意求之。當知巒頭理氣會通之妙。

至是錄中所不載者。皆理氣中之爪牙耳。于斯道無當
也。若俗師所謂秘訣。實求之皆無訣也。所謂古本。實按
之皆無本也。古今來凡不可切實明白告人者。皆無用
之學。予于此中受害十餘年。所得鈔本盈尺。徒亂人心
目。今皆會而通之。所錄者至簡。所該者至繁。勿以爲少
而不措意也。予更有山法平洋會通錄十二卷。識者可
取而互證焉。

一地理辨正一書。今術家奉爲秘寶。其中有言三台者。有
言三元者。有言巒頭者。今概以三元註之。不無牽強蒙

混○火失廬山眞面目○予曾著有地理辨正正解○于青囊多主三合○于天玉多主三元○于都天寶照多主巒頭○行當出以就正有道○

近日習氣○多尚三元○謂其水法之靈驗最著捷效也○不知三元水法○原從司馬頭陀水法而出○司馬公云○乾山巽水出朝官○來水去水總一般○若教巳辰來去見○男孤女寡出貧寒○蔣公祖之○謂水之來去在天元○宜立天元向○水之來去在地元人元○宜立地元人元向○司馬公所言○是三合墓向水法○蔣公謂爲三元水法○名雖異而實

則同也。又司馬公祿馬御街格以坤申庚爲陽金酉辛戌爲陰。金。蔣公祖之。乃立新盤。將老盤所謂陰陽。悉行改換。謂陰不是陰。陽不是陽。令學者莫名其妙。司馬公原習三合。蔣公所言三元。悉本司馬。可見三元三合。本自相通。人自不察耳。予之是錄。先分發兩家之秘。然乃會通其用。欲作者因流溯源。爲有本有原之學。毋徒守俗師之陋說。以自誤而誤人也。或謂怕遭天譴。予嘗題司馬頭陀鉗地錄云。天地無私心。鬱鬱佳城。孝子慈孫隨處取。神仙有慧眼。芒芒遺跡。狀元宰輔此中來。大道爲公。維皇福善。亦視其用心何如耳。吾不懼也。

重刻元合會通卷之一

益陽歲貢生姚炳奎著
受業庠生沈葆鑾校
男明亮孫振鸞同校

理氣必本羅經說

地之為學也有三。曰巒頭。曰理氣。曰選擇。巒頭主龍。選擇主山。理氣主向。而皆取證于羅經。古聖之制作。與古名師之薪傳。固未可輕議者。于少習形家言。每謂巒頭有據。理氣無憑。而又疑先賢之殊為多事也。既而博覽群書。歷訪名墓間遇賢師益友提撕幾費揣摩乃有所得而後知理氣之有裨于巒頭者大矣蓋不驗諸理氣無以探天地人一本同原之奧眼孔愈放心境愈粗其所謂巒頭者必不精而密如沈六圃先生可鑒也古之精是道者所著鉗課歷數百載不差毫髮豈有他哉合巒頭理氣會而通之而已第書目太繁爲類太廣驟求者難兼諸一是乃撰精取要舉所必用之端分注于羅盤之下藉羅盤以言理氣非徒作羅經解也泛求之而難據易君賞言之而無憑者皆有憑拱心者諳必切是則予之拙也

元合會通說

易之爲道也。先天主對待。後天主流行。是二者足以盡天地之精蘊而無遺者也。堪輿家。窺天地之秘藏。以先天爲體。後天爲用。合對待流行而一以貫之。而其術始神。三合者對待之義。三元者流行之機。實相成非相背也。大聖人下襲水土。因其一定之理。辟如天地之持載覆幬。橫言之也。三合家主之。上律天時。法其自然之運。辟如四時之錯行代明。直言之也。三元家主之。方輿之橫列也。東木西金。南火北水。震巽木生離火。離火生坤土。坤土生乾兌金。乾兌金生坎水。坎水復藉艮土以生木。八卦方位。五行順序。金固燦然在目首。則木生亥旺卯墓未。火生寅旺午墓戌。金生巳旺酉墓丑。水生申旺子墓辰。實一定之理。淮南子首發明之。而郭璞葬經。謂派於未盛。朝於大旺。流於囚謝。即其義也。而五行之生。各有陰陽。陽死則陰生。陰死則陽生。陽木為甲。陰木為乙。甲木生亥而死午。乙木即生午而死亥。生亥者為亥卯未局。生午者為午寅戌局。木燼而火傳也。陽火為丙。陰火為丁。丙火生寅而死酉。丁火即生酉而死寅。生寅者為寅午戌局。生酉者為酉巳丑局。火炧而金成也。陽金爲庚。陰金爲辛。庚金生巳而死子。辛金則生子而死巳。生巳者爲巳酉丑局。生子者爲子申辰局。金融而水化也。陽水爲壬。陰水爲癸。壬水生申而死卯。癸水則生卯而死申。生申者爲申子辰局。生卯者爲卯亥未局。水凝而木萌也。故天下之物無巨細。無有孤陰孤陽而獨立者。而山與水必取其相配對。山有自寅而戌者。是丙火之陽氣也。必有水自午而戌。爲乙木之陰氣者以相配。所謂乙丙交而趨戌也。山有自子而辰者。是辛金之陰氣也。必有水自申而辰。爲壬水之陽氣以相配。所謂辛壬會而聚辰也山有自巳而丑者是庚金之陽氣也必有水自酉而丑者為丁火之陰氣以相配所謂斗牛納庚丁之氣也山有自卯而未者是癸水之陰氣也必有水自亥而未者為甲木之陽氣以相配所謂金羊收癸甲之靈也山陽則水陰山陰則水陽山水循環互為配對此三合之理一定而無可疑者楊公本淮南郭璞之說而行之謂之無事水法若禹之行所無事也其著效也捷如影響世所稱楊救貧者以此也洛書之象一在北屬坎二在西南屬坤三在東屬震四在東南屬巽六在西北屬乾七在西屬兌八在東

北屬艮。九在南屬離。天氣之流行也。由一而二而三而四而五而六而七而八而九。猶算今日而至明日。算今年而至明年也。直言之也。三而分之。一二三爲上元。四六爲中元。七八九爲下元。一卦管二十年。一元六十年。中元無五。故四六各管三十年。三元共一百八十年。中而分之。一二三四爲東四卦。六七八九爲西四卦。東四卦之山。要西四卦之水。西四卦之山。要東四卦之水。山水循環。流行不盡。是天地自然之運。無可疑者。以此斷墓宅之廢興。分毫不爽。故世稱爲三元捷徑。善斯術者。必熟精三合三元之理。

朗然於心。擇龍眞穴的之處。融會三者之精以立向。予所著配龍乘氣納水消砂四訣。乃合三元三合會而通之者也。知此則頭頭是道。不至悞己以悞人。若各守一見。互相攻擊。其爲夏蟲不可語冰者奚異哉。噫悞矣。

蔣盤分注說

羅盤之制。始自指南車。自唐邱延瀚得異人傳授以後。有正鍼二十四。分金百二十。穿山七十二。盈縮六十。其所爲取天地一氣貫輸者。理至奥用至精也。後賢臻至數十層重複雜沓。不免屋下蓋屋之譏。蔣公諳大星之學。知賴公所加中鍼。卽所以明盈縮者也。知用盈縮而中鍼可以不用。楊公所加縫鍼。推本亘二分金。合子癸皆子之義。蔣公取天玉三卦之說。以父母兼子息爲言。而又以乾亥壬爲陽。子癸丑爲陰。卽寓縫鍼之意也。若乎分六十龍。從穿山七十二而出。昔賢皆識之。若各家所增卦例。畫蛇添足。徒亂人心目。蔣公刪繁就簡。別造一盤。亦爲簡便。至宿度一層。于古度之外。添設今度。更爲有爲。第未有通人爲之發明。而私心穿鑿者。不以意融會前人。强爲其說以攻先哲。而斯道以廢。予乃取蔣公所用原盤。繪圖于左。逐一具名于上而按次說其義于後俾學者舉羅盤以相對朗然若列眉而因以得其奧至俗師所用盤舉分經穿山盈縮而悉歸無有問之而全然不知而造葬者奚用此羅盤爲宜俗師之貽害于人致自遭絕滅者多矣或又新增九星卦氣數層不知蔣公所講挨星特借星以言元運以明八卦只有一卦通之義近有作辨正疏者糊塗蒙罩當亦蔣公之罪人也見乎所治當瞿然失矣至刻度闕煞宿度二層圖小不能具載僅存其名而後爲之說

一層天池
二層先天
三層洛書
四層正鍼
五層穿山
六層分金

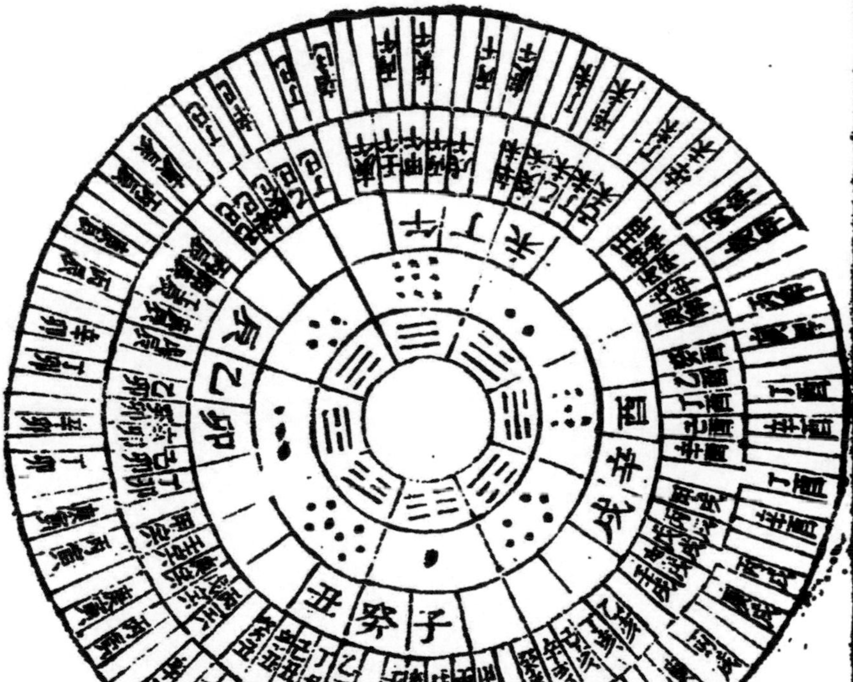

七層天星

八層挨星

九層次舍

十層太陽

十一層盤縫

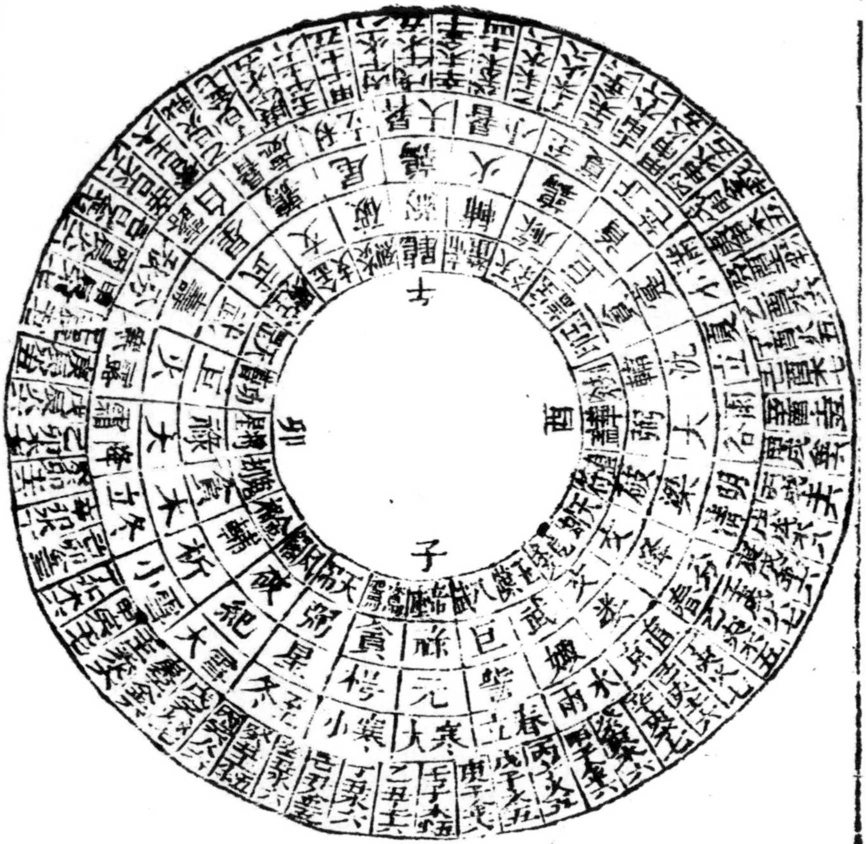

第一層天池

池闊一寸二分象十二月深三分象三十日底用蚌殼磨光蚌殼土也中畫線路南對張二度七十六分五釐合今歷爲柳六度北值虛九度危初度之間今爲女五度乃陰陽之中路子午之正鍼也王趙卿所謂虛危之間鍼路明南方張度上三乘是也凡定鍼須盤盛五穀天氣晴明在六陽時用之自然不爽若六陰時及陰暗處子午雖正終必參差或于金井內用鍼金被土埋鍼必無主取出金井一見陽光子午多不對陰陽必取相配此其驗也

第二層先天卦位

先天卦位。乾南坤北。天地定位也。離東坎西。水火不相射也。艮西北、兌東南。山澤通氣也。震東北巽西南。雷風相搏也。乾兌離震爲陽。巽坎艮坤爲陰。乾兌爲太陽。離震爲少陰。巽坎爲少陽。艮坤爲太陰。其原本自河圖。地理家以爲格龍乘氣之用。河圖太陽居一而連九。少陰居二而連八。少陽居三而連七。太陰居四而連六。入首氣脈。要取先天合後天。陰陽相配。如一九連而合十。二八連而合十。三七連而合十。四六連而合十也。訣曰、先後并用。後靜先動。先天順行。一離五坤。先天倒行。一坎五艮。法將先天順排作山。乾一兌二離三震四。故乾一從離起也。巽五坎六艮七坤八。故巽五從坤起也。復將先天倒排作龍。故乾一從坎起。巽五從艮起。以乾坤艮巽之龍。作乾坤艮巽之向。坎離震兌之龍。作坎離震兌之向。男女老少。龍向配合。所謂河圖辨陰陽之交媾者此也。但此法須從後龍分脈處定。若專在東咽處求之。則迂矣。

第三層洛書

洛書戴九履一。左三右七。二四爲肩。六八爲足。五居中央。

以先天卦位配之。坤一巽二。離三兌四。中五艮六。坎七、震八、乾九。以後天卦位配之。坎一、坤二。震三、巽四。中五、乾六。兌七艮八。離九。古來陰陽家。如後漢書。程駰傳。仰採遠於九乾。虎蒼子。巽二起風。皆主先天言也。近日術家。只知以後天言之。法以一二三爲上元。四五六爲中元。七八九爲下元。大運六十年爲一宮。小運二十年爲一宮。凡有大幹結作。力大氣厚者。當以大運推其興廢。每一宮管六十年。一元管一百八十年。三元管五百四十年。支幛小結。一鈎一搭。則以小運斷之。每一宮二十年用事。一元管六十年。

三元管一百八十年所謂洛書辨甲運之興衰者是也三元氣運本於河圖而方位不外洛書地居四隅天居四正一生一成相爲經緯一陰一陽相爲交媾至元至妙之道也如天一生水爲上元首運而向水取於南者北方水必需天九之金以生之一六其宗故乾水即爲照神地二生火爲上元二運取艮方地八之木以生之而二七同道故兌水即爲照神天三生木爲上元末運取兌方天七之火以養之而三八爲朋故艮水即爲照神地四生金爲中元首運取乾地六之水以養之而四九爲友故離水即爲照

神地六成之爲中元末運取巽地四之金以生之而一六其宗故坎水卽爲照神天七成之爲下元首運取震方水者需天三之木以生也二七同道故坤水爲照神地八成之爲下元中運取地二之火以養之三八爲朋故震水爲照神天九成之爲下元末運取北方天一之水以養之而四九爲友故東南地四之巽水爲照神總之四生如孩兒之待父母四養如衰老之仗子孫淺言之爲五行相生之體深言之卽八卦顛倒之用明洛書之義參以先天後天之卦配以九宮九星之用約以四吉四凶列以上中下三

元。斯道之秘旨盡矣。同治三年甲子。係大運第一甲子。論地者當看其地之大小厚薄。推斷八局之旺衰以卜其歷年之久暫也。

第四層二十四位

二十四位。專用正鍼。一卦三山。分天地人三元。天元爲父母。人元爲順子。地元爲逆子。子午卯酉乾坤艮巽天卦也。父母也。甲庚壬丙。辰戌丑未地卦也。逆子也。皆向左行不與父母同路。宜單用所謂江東一卦從來吉。八神四個一也。乙辛丁癸寅申巳亥人卦也。順子也。皆向右行。與父母

同路可兼用所謂江東一卦排龍位八神四個二也如坎
卦壬子癸三山子爲天元癸爲人元壬爲地元子癸可以
兼用壬宜獨用其分陰陽也二十四山分東西南北南火
北水東木西金每方各六位而中分之北則乾亥壬爲陽
水子癸丑爲陰水東則艮寅甲爲陽木卯乙辰爲陰木南
則巽巳丙爲陽火午丁未爲陰火西則坤申庚爲陽金酉
辛戌爲陰金一陰一陽一順一逆合成四十八局所謂二
十四山雙雙起也其立向收水也水之來去在天元則宜
立天元向水之來去在地元人元則宜立地元人元向所

謂葬山首邱葬水首流即楊公水來當面是眞蹤之義又地支曰正神干維曰零神收零神之水須立正神之向收正神之水須立零神之向是靑囊陽用陰朝陰用陽應顚顚倒倒之義

第五層穿山七十二

六十花甲加八干四維之正三分二十四山而成七十二以應七十二候楊公寶鑑所謂穿山虎是也其甲子起于正鍼之壬中應大雪上候之氣與透地龍相表裏透地應天氣以辨龍穿山應地氣以坐穴故穿山專主坐穴與龍

氣無涉地理取用專避空亡差錯并忌坐穴之納音剋洩亡命之納音其法當八干四維之正中空處爲大空亡地支正中處如戊子己丑庚寅辛卯壬辰癸巳甲午乙未丙申丁酉戊戌己亥十二位爲大差錯又名正沖殺坐之皆主敗絕七十二位之縫中曰小空亡正鍼二十四位之縫中曰小差錯坐之主貧敗訣曰八干四維中大空大差錯在地支中七二縫中三八縫小空小錯坐皆凶厲公所謂三七者言此曆甲子在壬本位得壬三分零右邊加三分仍是壬左邊加三分是子故甲子穿山爲七壬三子丙子

在子本位得子三分零左邊加三分右邊加三分是壬故丙子爲七子三壬戊子正當子中爲正子庚子則七子三癸壬子則七癸三子是將二十四山每山作十分折算惟三七位方可坐穴如壬山止可坐癸亥甲子子山止可坐丙子庚子也昔人又以穿山所坐甲子所得之卦謂之本卦遁其子父才官三奇四吉祿馬貴人收四吉之山發三奇之水其貴祿財官之方得尖圓高聳之峰者富貴如坐穴與山川不合則當易一穿山以收之似屬破碎可以不必

第六層正鍼內分金

百二十分金者。正鍼二十四山。每山各列五位。其得百二十位也。與正鍼、穿山、透地、四層、及雙山、洪範、小元空三家五行。皆出于邱延瀚。而發明于楊筠松。誠屬神物。非凡人所能臆測也。古有素書以明透地。寶鏡以明穿山。瀛海以明分金。三者係盤鍼之正宗。吉凶之樞紐。在所必用。缺一不可。其餘皆晡此三者也。透地從天極之子午。穿山從浮鍼之子午。分金從日影之子午。故分金從地支出。不列于一支。而兼前支一半。如子癸二宮。其列十子。而癸前一半

屬丑亦列之以子也古人立臬測日影以正南北其最長
最短之影較浮鍼畧偏丁半位則分金之十子俱在子支
之內並不犯丑也楊賴二公加二縫鍼不過指明透地分
金兩盤之原由使人易知耳此盤作用取丙丁庚辛之旺
相避戊己之龜甲壬癸甲乙之孤虛其納音不得剋泄透
地之納音蓋丙庚納于艮震丁辛納于兌巽四卦各除中
爻爲卦體上下二爻陰陽交媾爲陰陽冲和又四少易于
生育主發福速故曰旺相甲乙戊己壬癸納于乾坤坎離
乾坤爲二老孤虛無配不能生育故曰孤虛坎離除中爻

爲體亦純一不交如龜甲之堅氣不可入故曰龜甲空亡賴公于丙庚丁辛分金則書之于甲壬乙癸戊己則空其位甚屬簡明厲公又以本金納音之生旺定分金之美惡如丙子水分在子宮爲旺地曰吉甲子金分在子宮爲死地曰凶亦可參用厲公所謂二八者言此層每一山作十分一山五金每金得二分如甲子在子得子二分左邊加四分仍是子右邊加四分是壬故甲子六子四壬丙子得子二分左邊加四分是子右邊加四分得二分子二分壬故丙子八子二壬戊子正子庚子八子二癸壬子六子四

癸四六金偏薄犯孤虛正位犯空亡差錯分金惟二八可坐也又龍脈從此分金透入忌用此分金爲坐向犯之氣沖爍散爲雙金煞秘竅云分金云者謂分别五行之氣如剪開金銀不復粘合也素書云分金若可借用又憑分金何哉時師好兼左三分右三分謂用陽借陰用陰借陽用天干借地支用地支借天干多犯分切不清之害

第七層天星

鞍盤天星本賴公催官篇此本天玉經而設也天玉經云坎離水火中天過龍墀移帝座寶蓋鳳閣四維朝寶殿登

龍樓。罡刦弔煞休犯著。四墓多銷鑠。金枝玉葉酉壬亥。金箱玉印藏。帝釋一神定州府。紫微同八武。更有一星佐尊貴。坤是金神。位按子為帝佐。午為龍墀。卯為將星。酉為華蓋。為太陰。寅為金箱。申為玉印。為天財。巳為金枝。亥為玉葉。為紫微。辰為天罡。戌為天刦。為地煞。丑為天弔。未為天煞。乾為龍樓。為太陽。坤為寶蓋。為佐尊。艮為鳳閣。為丕曜。巽為寶殿。為紫炁。甲為鬼刦。庚為刦煞。丙為炎釋。壬為示武。為八武。為咸池。乙為功曹。辛為直符。丁為帝輦。為帝勅。癸為鑾駕。凡吉星之位。峰巒聳起。秀水特朝。合龍向之生

明則主大富貴

第八層九星

坤壬乙巨門從頭出艮丙辛位位是破軍巽辰亥盡是武曲位甲癸申貪狼一路行子未卯三位祿存倒寅庚丁顛倒作輔星午酉丑右弼輪到九戌乾巳亥曲吉連四

第九層十二次舍

析木居寅火卯壽星辰三鶉巳午未實沈位居申梁酉降婁戌娵訾亥上陳子枵丑星紀逆向掌中輪

第十層太陽躔次

太陽立春到壬○雨水過亥○驚蟄到乾○春分過戌○清明到辛○穀雨過酉○立夏到庚○小滿過申○芒種到坤○夏至過未○小暑到丁○大暑過午○立秋到丙○處暑入巳○白露到巽○秋分過辰○寒露到乙○霜降過卯○立冬到甲○小雪過寅○大雪到艮○冬至過丑○小寒到癸○大寒過子○撥太陽即月將在亥卯二宮一日行一度○一度六十分○每一時行五分○在戌辰二宮每一日行五十九分○酉巳二宮○每一日行五十八分○申未午三宮○每一日行五十七分○寅丑子三宮○每一日行一度一分○其出沒之所在○正九出入乙庚方○二八出卯入酉場○三七

發甲入辛地、四六生寅入戌藏、五月出艮歸乾上、仲冬出
巽沒坤方、惟有十與十二月、出辰入申、餘細詳、太陽前後
光照十五度、須查臺歷某月日時刻、到所作山向方度、所
謂歷數太陽也、楊公造命歌云、六個太陽三個緊、中間歷
數第一親、六個太陽、謂守、夾、照、拱、關、輔也、在山曰守、又曰
蓋、夾山方、夾命宮曰夾、在向隔六宮一百八十度、曰對照、
曰沖照、在三合方、隔四宮一百二十度、曰拱、曰鈞、在四正
二弦方、隔三宮九十度、曰關、在六合方、隔二宮六十度、曰
輔、迎其將來、曰臨、三個緊、乃守夾拱之於山也、凡日月拱

山夾山以無凶星雜其中爲妙謂六個太陽昇
元都纂爲兎雷霆都天寶照四利三元也非是

十二層盈縮六十龍

天機素書云盈縮六十卽透地龍也上應星氣故名天紀專主格龍乘氣之用格龍之法在穴星後來龍過峽結咽處分水脊上定盤鍼看來脈係何花甲隸在某卦爲某龍屬何納音以斷生剋及消納也乘氣之法在穴星上降脈結穴處分水脊上定盤鍼看到穴之脈氣是陰是陽以憑收放乘接也如得透地辛亥龍係天皇正氣納音屬金若

脈從右來則以左耳乘氣穴宜坐乾向巽乾上要得內分金之庚戌金穴在壁七壁八壬度中使辛亥正氣從左耳而進也至于行注布氣之溝其線縫當中亦宜合己亥之壁七壁八及滿頭轉折處亦宜用所該宮分之土度或金木度皆吉而土金木度中又不犯關煞空亡差錯方為全吉若用火度則剋龍矣吳景鸞扦徽州府基記云卯龍丙向甲門開五百年間產大財走了紫陽山下水乙庚之歲損嬰孩基係透地癸卯龍過峽癸卯隸震故曰卯龍癸卯納音屬金金生在巳水去紫陽山下係巽巳方流破長生

故於乙庚化金之年。有損嬰孩之應。又遂安縣余寓宣并
一太陽金星穴。庚酉落脈。立庚山甲向。碑文云。離龍甲向。
因追步後龍。及數里過峽處。格之眞離也。又如賴公飛布
地記云。百里天皇世所稀。廖公沐英祖地云。神后行龍來
百里。三度失其蹤。皆于峽上用透地棋龍也。盈縮六十周
佈劃度五行之上。雖七十二龍之干維空處。皆得六甲管
攝。不離其位。故曰渾天。劃度所管之界限。有盈有縮。渾天
上應天道盈縮之變。故宮位亦與劃度同闊狹。此法分自
三元經。其甲子起于正鍼之亥末。進壬前三度。三度即三

[illegible]三十六時也。在癸山辛亥之下。乃壬祿之鄉。甲木生氣之府。壬爲甲父。亥爲甲母。故甲子不生子。而生于亥。卽先賢積三十而後起冬至之意也。冬至節前是大雪。乃陰氣之終。夏至節前是芒種。乃陽氣之終。此陰陽交接之會也。然有節氣至而天氣未至者。或天氣至而節氣未至者。因氣候之有盈縮。故月分之有大小也。所以盈縮宮位亦如刻度焉。

第十二層刻度五行 鏟

盈縮六十龍之下。周佈六十一位五行。金十二。木十三。水十二火十二土十二每位各分管列宿之度數爲刻度五行其五行不與花甲納音所屬相同或從天干或從地支或從納音或取天干所化或取地支所藏其宮位之闊狹應天氣之盈縮也五行之錯雜法天道之錯綜也瀛海經云刻度五行與坐穴穿山之納音相爲體用坐度爲主坐穴爲賓度生穴爲泄穴生度爲恩度剋穴爲財穴剋度爲殺比和爲得宜如丙子水穴坐火度爲殺戊子火穴坐水度爲財之類又坐度剋來水之度吉來水之度剋坐度凶山剋穴者人多發福穴剋山者其家少祿穴而剋水財源

積聚水而剋穴必遭荼毒又按羅經稱甲子金龍帶坎卦管室宿五六七八九十其六度屬金從納音也丙子水龍帶困卦管危十六室一二三四其五度屬火從天干也戊子火龍帶師卦管危十一至十五其五度屬水取地支所藏也庚子土龍帶解卦管危五至十其六度屬金從天干也壬子木龍帶解卦管虛九少危一至四其五度屬木從納音也乙丑金龍帶渙卦管虛三至八其六度屬土取地支所藏也丁丑水龍帶渙卦管女八九十十一虛一二其六度屬水取納音也己丑火龍未濟卦管女三至七其五度屬

金。取地支藏金也。辛丑土龍、漸。管牛十四五五六七女一二。共六度。屬木。取天干化水生木也。癸丑木龍、艮。管斗廿一二三太牛一二三共五度半。屬土。取地支藏土也。丙寅火龍、小過。管斗十五度至二十。共六度。屬火。取納音火也。戊寅土龍、謙。前五度管斗八至十二、屬火。後二度管斗十三十四、屬木。取地支所藏也。庚寅木龍、旅。管斗二三至七。共六度。屬金。取天干金也。壬寅金龍、旅。管箕六七八九半至斗一。共六度。屬水。取天干水也。甲寅水龍、晉。管尾十七八。箕一至五。共七度。屬土。取天干化土也。丁卯火龍死。家人。管尾十一至十六。其六度。屬木。取地支藏木也。己卯火龍頤。管尾八九十。其三度。屬金。取天干生金也。辛卯木龍隨。管心四五六尾一至尾七。其十度。屬水。取天干生水也。癸卯金龍震。管房四五六心一二三。其六度。屬土。取天干化生也。乙卯水龍屯。管氐十三四五六少房一二三。其七度。屬木。取天干木也。戊辰木龍噬嗑。管氐七至十二。其六度。屬火。取天干化火也。庚辰金龍震。管氐二至六。其五度。屬水。取地支藏水也。壬辰水龍復。管亢五至九太氐一。其七度。屬土。取地支藏土也。甲辰火龍睽。管角十一十二太亢一至四。其七度。屬木。取天干木也。丙辰土龍升。管角五至十。共六度。屬火。取天干火也。己巳木龍鼎。管軫十七十八太角一二三四。共七度。屬金。取地支藏金也。辛巳金龍大過。管軫十一至十六。共六度。屬木。取天干化生也。癸巳水龍巽。管軫五至十。共六度。屬土。取地支藏土也。乙巳火龍恆。管翌十八十九廿少軫一二三四。共七度半。屬火。取納音火也。丁巳土龍蠱。管翌十一至十七。共七度。屬金。取地支藏金也。庚午土龍豐。管翌六七八九十。共五度。屬水。取天干生水也。壬午木龍家人。管張十八太翌一二三四五。共六度。屬土取地支藏土也甲午金龍離管張十三至十七共五度屬木取天干木也丙午水龍明夷管張七至十二共六度屬火取天干火也戊午火龍既濟管張二至十六共五度屬水取元空金生水也辛未土龍革管柳十三半星一至六太張一共十度屬金取天干金也癸未木龍離管柳九至十二共四度屬土取地支藏土也乙未金龍革管柳三至八共六度屬水取納音金生水也丁未水龍豫管井廿八九三十少鬼一二少柳一二共八度屬火取天干火也己未火龍晉管井二十二至廿七共六度屬金取天干生金

也。壬申金龍觀。管井十六至廿一。共六度。屬木。取天干生木也。甲申水龍坤。管井十一至十五。共五度。屬火。取天干生火也。丙申火龍否。管井六至十。共五度。屬水。取天干化水也。戊申土龍萃。管參八九太井一二三四五。共七度半。屬金。取天干生金也。庚申木龍坤。管參三至七。共五度。屬木。取納音木也。癸酉金龍兌。管畢十三至十六太觜半參一二。共六度半。屬土。取天干化生也。乙酉水龍歸妹。管畢七至十二。共六度。屬水。取納音水也。丁酉火龍中孚。管畢一至六。共五度。屬火。取納音火也。己酉土龍歸妹。管昴六至十一畢一。共七度。屬水。取地支藏辛金化生水也。辛酉木龍履。管昴十五少昴一至五。共六度半。屬土。取地支三合丑土也。甲戌火龍兌。管胃九至十四。共六度。屬金。取天干化生也。丙戌土龍履。管胃四至八。共五度。屬土。取納音土也。戊戌木龍履。管婁九至十二太胃一二三。共七度。屬水。取地支藏金生水也。庚戌金龍大有。管婁二至八。共六度。屬金。取納音金也。壬戌水龍需。管奎十五至十八婁一二。共六度。屬火。取地支藏火也。乙亥火龍大有。管奎九至十四。共五度。屬木。取天干木也。丁亥土龍大壯。管奎二至

八。其七度屬火。取天干火也。己亥木龍。共管壁六至九太
奎一。其六度太。屬土。取天干土也。辛亥金龍。泰。管壁一至
五室十七十八少。共七度少。屬水。取地支藏水也。癸亥水
龍乾。管室十一至十六。共六度。屬木。取天干生木也。其內
卦作用。與穿山同。

第十三層宿度

黃道三百六十五度四分度之一。每度作百分。太度七十
五分。少度二十五分。半度五十分。其成三百六十五度二
十五分。二十八宿。羅列于周天。是為天經。按周天一百零

七萬一千里徑三十五萬七千里每一分金八千九百餘
里。一度二千九百餘里。故立向毫釐之差。必致千里之謬。
古有統天、開禧、會天、授時、四歷。歷賴盤所載。係南宋甯宗開
禧歷。度數與今七政臺歷不符。坐穴撥砂選擇。當遵今歷。
始准。四歷各載太陽過宮度數分抄不同。如太陽過子宮。
統天載女二度九十五分九抄。開禧載九十二分九十三
抄。會天載九十二分八抄。授時載九十六分三十八抄。四
歷分抄多寡雖殊。過宮女二。則一也。堯時冬至日在子中
虛六度。至秦莊襄元年。計一千零廿八年。冬至日在斗廿

一度。故月令與堯典中星不合。又一千二百九十二年。至宋仁宗慶歷甲申年冬、至日在斗五度。至明萬歷時日在箕二度。上距堯時四千一百餘年。計差五十度有奇共二萬九千二百年。差三百六十五度零。天與地合矣。歲差論云。天與七政。皆繞地左旋。而歷家以七政爲右旋。說雖殊而實一也。自北而東、而南、而西、曰左旋。自北而西而南而東曰右旋。按尚書蔡傳。天體至圓。周圍三百六十五度四分度之一。繞地左旋。常一日一週天而過一度。日麗天而少遲。一日亦繞地一週而在天爲不及一度。積三百六十五日有奇。而與天會。如子正初刻子時之中也以壺漏定之。太陽躔丑宮初度。以中星度對沖測之起於地底北方之正中子點。上升而東行。迨明日子正初刻。太陽又起地底北方之正中子點。而天已過丑宮初度偏東一度。而太陽所起之子點。已爲丑宮一度。天仍與太陽同升。太陽于天爲不及一度。積三百六十五日有奇。則全差三百六十五度四分度之一。而復于丑宮初度之原點。而與天會。歴家以退爲進。握算之捷法也。太陰及五星皆然。故中法所謂歳差者。謂太陽之行。歳歳漸差而東。而西洋算法謂列宿之行。歳歳漸移而西。中法謂恒星不動。故以列宿天分宮爲天體。謂角亢在辰。氐房心在卯。尾箕在寅。斗牛在丑。女虛危在子。室壁在亥。奎婁在戌。胃昴畢在酉。觜參在申。井鬼在未。柳星張在午。翼軫在巳。日躔則堯甲子冬、至。日在虛六度。至今冬、至。日躔入寅之箕。太陽東旋。大畧如此。先儒謂天度三百六十五度四分度之一。而有餘。日數三百六十五日四分日之一。而不足。天度常平運而舒。日躔常內轉而縮。如今年冬至。日躔箕一度之第十分。次年冬、至日躔。此天差一周。仍會天于箕一度之第十分。却因日數少于天度。尚在箕一度第九分若干秒。約七十餘年而差一度。西法謂日躔每逢冬至。必復丑宮初度之原點。列宿却歲歲西行。蓋西士用大儀器密測普天諸星經緯。俱歲有移度。則列宿天。亦如七政之浮動于太虛。未可據以分宮。故推本于最上一層之宗動天。而以宗動天爲天體。以宗動天分宮。其法有九重天之說。九重天者。月輪天最卑而在下。其上爲水星天。又上爲金星天。又上爲日輪天。又上爲火星天。又上爲木星天。又上爲土星天。又上爲列宿天。又上爲宗動天。卑者行遲。高者行速。至宗動天而極速。諸天之會于宗動也。行愈遲則會愈速。行愈速則

會愈遲日輪天之行遲于宗動天並遲于列宿天故每日
後宗動天一度次年冬至較上年冬至比宗動天差一週
復于丑宮初度之原點而與宗動天會列宿天之行遲于
宗動天而速于日輪天者也故須二萬五千四百一十年
有奇纔比宗動天差一週復于丑宮初度之原點而與宗
動天會次年冬至僅比上年冬至丑宮初度之原點西行
五十一杪故星躔漸移而西焉二說以西法為勝何者書
言日月之行則有冬有夏若如中法所言果係太陽之差
而東則堯時冬至日躔子中今易而躔寅再由卯而辰而

已。將時序之寒暑晝夜之永短。互異矣可乎。國朝數理精蘊書。獨取西人之說。誠足爲萬世法。談布衣丁戊。據邵康節。冬至子半之言。謂冬至日躔。當板定于子中。不當板定于丑中。不知子半之說。可以論月建。不可以論日躔。必以冬至爲子半之說。則酉中豈春分之期。上古十一月冬至。歷元初起時。日躔丑宮之斗度。故以丑爲星紀之次。迨堯時冬至。日躔子之虛。蓋已東旋一周矣。先儒又謂歲差之法。古未嘗有。始自東晉虞喜。不知四仲中星。堯典已備詳其說。迨經秦火。已失其傳。至晉姜岌首以夜半子時升于午點之星對沖以來而太陽之真躔始得由今以論術數星與宮當分別觀之分野之法論星不論宮觀左傳參爲晉星可見故尾箕爲燕分斗牛爲吳分不因箕過入丑而箕遂爲吳分也六壬家宮禽法繫乎宮者也宜從乎其舊堪輿家撥砂法亦繫乎星者也宜從乎其新會而通之庶幾有准耳

第十四層度數關煞

書曰忌陰陽差錯之位避五行關煞之宮訣曰金關木癆傷木關土瘟癀土關水瘟疫水關火少亡火關金欠殃干

頭關煞猶覺緩支沖關煞禍難當差錯空亡一位敗絕十二宮中仔細詳凡六十一位刻度五行之分界交遞處為關遇五行相剋者為煞相生比和者謂之有關無煞陰陽中半不純者謂之陰錯陽差正針八干四維正中一度曰大空亡穿山縫中一度曰小空亡地支中一度曰大差錯二十四山縫鍼一度曰陰陽差錯共四十八度為天機四十八殺五行關煞之宮七十四度凶星反吟伏吟五行剋戰之地五十八度協吉者一百八十度而已賴公為立簡捷易曉之法于差錯之度則記一乂于空亡度則記一亡于

關煞間則記一殺于全吉者則記一圈于吉凶相半者則空其位令人一見了然又亢金在辰婁金在戌牛金在丑鬼金在未乘氣分金前人必避此四宿度今光緒丙戌歷四金度不在辰戌丑未而在乙辛丁癸牛金七度四十分始于子之四度終于子十一度亢金十度三十六分始于卯之四度終于卯之十四度鬼金四度三十四分始于午之六度終于午之九度婁金十二度五十七分始于酉之四度終于酉之十六度須依新度斟酌用之若關煞從透地劃度五行上起今昔無殊賴公舊法可仍遵也

重刻元合會通卷之二

益陽歲貢生姚炳奎箸
族弟廩貢生希舜參
男明亮孫振鸞同校

賴盤分注說

宋賴太素。深明天學者也。所著催官篇。發明氣脈之義。細如毫髮。最足裨形勢家點穴之妙用。于剗度關煞宿度。發前人所未發。其祀空亡差錯也。誠易知而簡能。所製羅盤。集理氣之大成。歷數百年而不敝。明代董德彰等。莫不遵而用之○迄今可考也○徽盤是其遺製○雖有大小之不同○要以十八層者爲至當○間有增至數十層者○混雜淆亂○反失廬山眞面目○無濟于實用○轉足以惑人之聰明○而市本所謂羅經觧者數種○率皆眞僞互收○彼此聚訟○不歸畫一○誠足令閱者昏昏欲睡○終身習之○而莫得端緒○宜世之學者○懶于尋繹○因而假蔣公三元之說○造爲無稽之談○囫圇吞吐○大言欺人○乃痛詆賴盤之爲不足徵也○寻乃圖之于左○注之于後○删繁就簡○一見即知○俾初學易于玩索○因以知先賢正道之不可廢○其已見于前卷者闕焉○

一層天池
二層後天
三層八卦
四層黃泉
五層九星
六層正針
七層節氣
八層穿山
九層分金

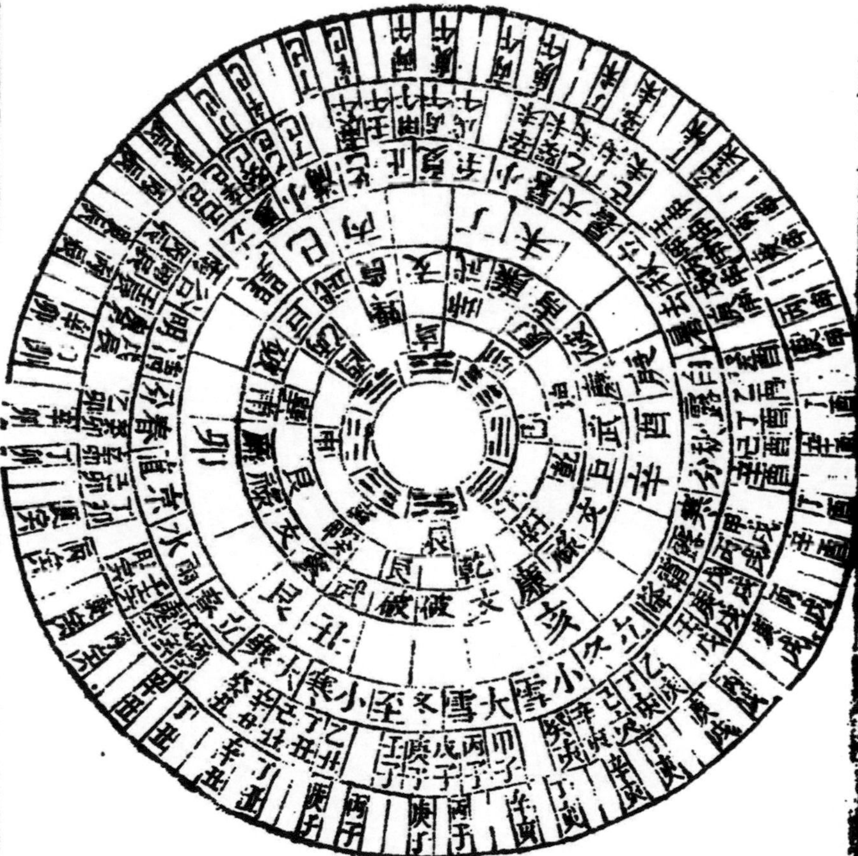

第十層中鍼
十一層天星
十二層平分
十三層縫鍼
十四層分金
十五層盤縫

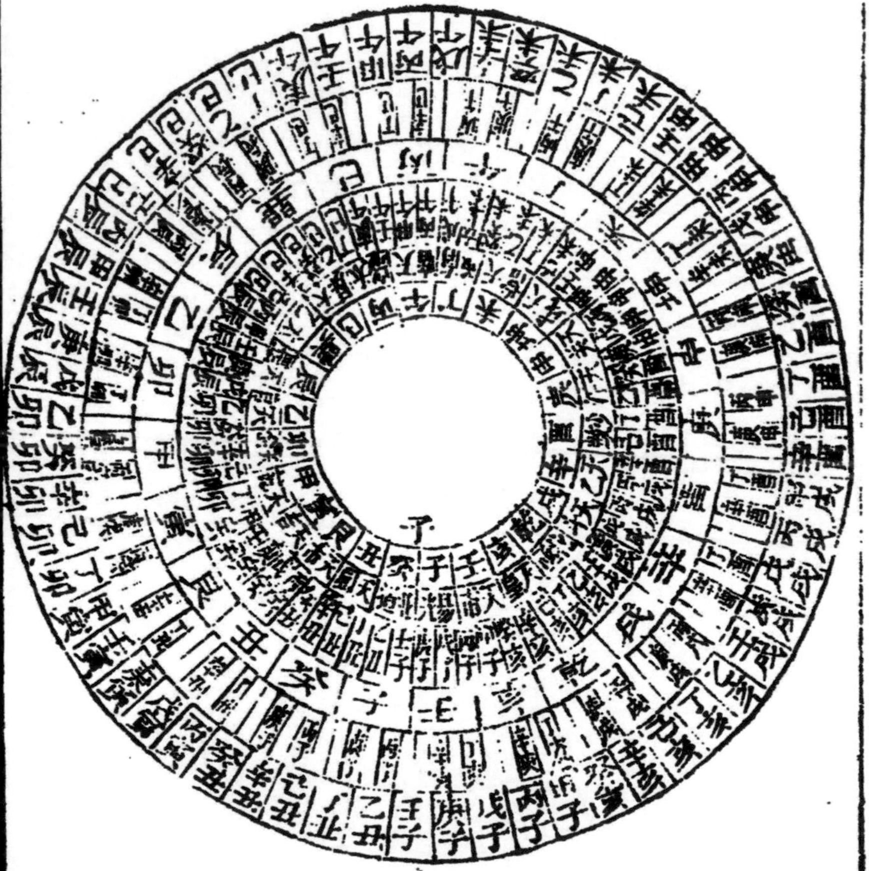

第二層後天八卦

先天止有卦象無方位。後天則合八方之定位。古人以後天之方位。推先天之理氣。者先天是體。後天是用。故羅經作用。皆從後天。以後天卦。陰陽中分。五行順序。故也。中分者。東北陽方。列乾坎艮震四男卦。西南陰方。列巽離坤兌四女卦。順序者。震巽木生離火。離火生坤土。坤土生乾兌金。乾兌金生坎水。坎水不能自生木。必籍土以生之。故水潤艮土。艮土生震巽之木。

第三層八殺

訣云。坎龍坤兎震山猴。巽雞乾馬兌蛇頭。艮虎離豬爲殺曜。墓宅逢之立便休。此八卦官鬼爻也。如乾卦四爻午火爲官鬼。故乾以午爲殺曜。坤卦三爻卯木爲官鬼。故坤以卯爲殺曜之類。凡來龍坐山皆忌見此水來。若不能避。即當依水立向。如乾龍見午水作午向。亦可化殺爲權。若遇陽殺立陰向。陰殺立陽向。混雜破局。爲禍更烈。入卦中惟坎有辰戌二鬼爻。是坎殺兼辰戌也。

第四層黃泉

訣云。庚丁坤上是黃泉。乙丙須妨巽水先。甲癸向中憂見艮辛壬水路怕當乾此八干之坐山墓殺也乙丙向坐山辛壬同墓于辰故巽爲黃泉甲癸向坐山庚丁同墓于丑故艮爲黃泉辛壬向坐山乙丙同墓于戌故乾爲黃泉庚丁向坐山甲癸同墓于未故坤爲黃泉從向上起實從坐山起也傳曰不及黃泉無相見也以墓殺爲黃泉取名近是黃泉之方動則生以忌來水與門路玉尺經云八殺黃泉雖云惡曜若在生方例難同斷生方者來脈來水之方也慈溪葉氏宅龍從坤方來坐癸向丁坤水倒左去辰巽目講禪師從白虎頭開坤門收來龍進氣大旺三百年科

甲。卯未改丁向門路。堂水傾瀉。兩進士罷官。又撥救貧黃泉歌云。辛入乾宮百萬莊。癸歸艮位發文章。乙向巽流清富貴。丁坤終是萬斯箱。庚向水朝流入坤。管教此地出賢英。丙向水朝流入巽。兒孫世代爲官定。甲向水朝入艮流。管教此地出公侯。壬向水朝流入乾。兒孫金榜姓名傳。吳興流亮功。謂癸乙丁辛向。以艮巽坤乾爲沐浴方。出水爲吉。甲丙庚壬向。以艮巽坤乾爲官祿方。來水爲吉。不知上四句。是完竊司馬頭陀順連珠水法。言辛向庚水倒右入乾。癸向壬水倒右入艮。乙向甲水倒右入巽。丁向丙水倒右八坤後八句稱司馬頭陀逆連珠水法而更其詞逆連珠訣云甲乙艮兼丙丁巽庚辛坤與壬癸乾此爲順逆連珠水格合連珠爛了錢言甲向乙水朝倒左去艮丙向丁水朝倒左去巽庚向辛水朝倒左入坤壬向癸水朝倒左入乾是青囊經小神入中神中神入大神法也經云奇貴連珠並祿馬三合貪狼貴無價小神流短大神長富貴聲名滿天下乙辛丁癸是小神甲庚丙壬號中神乾坤艮巽名大神司馬公發明其義謂水喜去干維忌放地支總以乙辛丁癸甲庚壬丙立向以乾坤艮巽去水俱係三台生

旺艮向收水法與黃泉無涉諏吉彙纂所載黃泉辨甚屬無見不可遵

第五層九星

九星從天定卦坤宮對宮起貪狼而出其獨取坤卦者坤爲地也故曰地母卦坤對宮爲艮故艮爲貪狼次巽爲巨門次乾爲祿存次離爲文曲次震爲廉貞次兌爲武曲次坎爲破軍至坤本卦爲輔星也用法有二一以察來龍之吉秀以取坐山之用以貪巨武爲三吉臨艮巽兌三卦三卦又納丙辛丁合艮巽兌爲六秀加震庚爲八貴又加巳

丑亥未爲十二吉山坤乙龍以坐此十二吉山立陽向爲吉。一以驗開穴之土色。歌曰。九星一盤占土色。法從峽上定來情。峽如是輔穴土紫。武白廉紅黃巨門。如峽上是震庚亥未脈。得紅土即止。巽辛脈。見黃土即止。餘倣此

第六層正鍼二十四位

後天八卦。排列八方。四正輔以八干。如甲乙輔震。丙丁輔離。庚辛輔兌。壬癸輔坎。四隅輔以八支。如丑寅輔艮。辰巳輔巽。未申輔坤。戌亥輔乾。分列而成二十四位。是爲地盤。古人用正鍼配龍立向。謂之收山。用中鍼向消砂。用縫鍼

向納水。厲伯韶詩。先將子午定山岡。再把中鍼來較量。更加三七與二八。莫與時師說短長。子午言正鍼也。其陰陽本先天卦氣。先天方位合洛書九宮卦氣。乾南得書之九。坤北得書之一。離東得書之三。坎西得書之七。陽屬奇。故四卦皆陽。震東北得書之八。兌東南得書之四。巽西南得書之二。艮西北得書之六。陰屬偶。故四卦皆陰。干支納于八卦。乾納甲。坤納乙。離納壬寅戌。坎納癸申辰。艮納丙。巽納辛。震納庚亥未。兌納丁巳丑。納于陽卦屬陽。納于陰卦屬陰。格龍宜陰陽純淨。立向則陰龍宜陰向。陽龍宜陽向。

納水則陰龍陰向宜陰水往來陽龍陽向宜陽水往來但其中龍與水不能無駁妙用在人惟乘氣立向必不可雜如乘陰氣立陰向乘陽氣立陽向或陰龍多而入首陽則當舍陽而立陰向以收陰或陽龍多而入首陰則當舍陰而立陽向以收陽或局止有陰向又宜乘陰氣以配之止有陽向則宜乘陽氣以配之

第七層節氣

地盤二十四位上應天時二十四氣如立春生氣臨艮雨水臨寅驚蟄臨甲春分臨卯清明臨乙穀雨臨辰立夏臨

巽。小滿臨巳。芒種臨丙。夏至臨午。小暑丁。大暑未。立秋坤。處暑申。白露庚。秋分酉。寒露辛。霜降戌。立冬乾。小雪亥。大雪壬。冬至子。小寒癸。大寒丑。選擇家宜按節推候以驗天之生氣也。

第十層中鍼二十四位

中鍼二十四山。賴太素所設。以明盈縮六十龍者也。盈縮甲子。起于正鍼之亥末。從天極也。淺者疑之。公作催官篇發明天星之秘。故作此盤。蓋天星以天皇大帝一星爲主守。此星在勾陳口中。紫微帝星。正照午位。則天皇在乾亥之間故此盤以亥居乾亥之間以壬居亥壬之間以子居壬子之間悉前半位上應天星正對而不偏倚青囊云北極斜居壬亥之間是也蓋天極之子午與浮鍼之子午差半位而不對浮鍼之子午曰正鍼地也北極之子午曰中鍼天也其名中鍼者以此盤之子午正指正鍼丙午之中也中鍼一設而天星之位各得其正而盈縮甲子起于正鍼亥未者是天極之正中無可疑矣天體左旋五行順序故背北面南以言氣則西爲先而東爲後天氣先至地氣後至地理龍氣爲先穴向爲後故用先至之氣辨龍後至

之氣坐穴分金以符天地之氣此三鍼三盤之用也然此以氣言無形可見抑知仰觀北極斜居西北測臬而日景倚于西南中縫兩鍼非憑虛無據而設者蓋有理斯有氣有氣斯有象也經盤秘妙邱公得之太乙老人有正鍼一鍼有盈縮穿山分金三盤穿山從正鍼人所共知分金子偏東北午偏西南故楊公加入縫鍼所以明分金之位況正鍼明用八卦暗藏地支惟加入縫鍼而後地支之用始著盈縮子偏西北午偏東南故賴公加入中鍼所以明盈縮之位也三鍼有理有象中最先主天星以辨龍正次之

主八卦陰陽以定向。縫又次之。主地支生旺以消納水局。盈縮從天星。起甲子于正鍼之亥末。五子正當中鍼之子位。中鍼之用也。穿山從八卦。起子于正鍼之壬中。五子正當正鍼之子位。正鍼之用也。分金從地支。起甲子于正鍼之子初。十子正當縫鍼之子位。縫鍼之用也。盈縮名天紀。爲辨龍之細法。穿山名地紀。爲坐穴之細法。分金爲立向之細法。賴公所謂再把中鍼來較量者。如正鍼亥龍入首。左邊多係中鍼之亥。乃天地二盤俱亥大吉。若右落多則係中鍼之壬。非天星正氣矣。行山小盤。不便設盈縮龍。當設此盤代之。羅經會要謂臬所測較浮鍼而偏丙。不知臬影之位偏丁。與縫鍼合。又各省多不同。非中鍼所向也。月直以縫鍼爲天紀。正鍼爲地紀。杜撰無識。不可從。

第十一層天星

天星者。從青囊天官篇出。賴公配成二十四星。以加子盤者也。青囊云。天光下臨。地德上載。精義云。地無精氣。以星光爲精氣。故以天星占龍脈貴賤也。天星以四垣爲最貴。紫微垣臨亥。四輔照壬。天市垣臨艮。少微垣臨兌。旁照庚。太微垣臨丙巳。旁照巽。此最貴之星也。至若天屏在巳號明堂陰樞映丙名天貴南極臨丁主壽考天乙居辛司文章參所值庚以宣威騎官當震而主武仙聖每鍾天市辛輔多出離壬將帥邊臣亥戌辰神壇佛刹佔井鬼又太陽在午諸凶不敢臨此皆上應星氣而然也賴公催官篇各山異名如乾爲陽璣北極天廐亢陽亥爲天皇天門紫微王爲天輔陰權子爲陽光太陰月癸爲陰光瑤光北道丑爲天廚金牛艮爲天市陽樞寅爲天棓甲爲陰璣天苑卯爲陽衡廉貞阿香扶桑天命乙爲天官辰爲天罡亢金巽爲陽璇太乙更點巳爲天屏青蛇赤蛇丙爲陰樞太微天貴

午爲陽樞、天廣、太陽遊魂。曰。丁爲南極。未爲鬼亢、陰天常
羊。坤爲陰元、元戈、元峰、天鉞、地母。申爲天關。庚爲天漢。酉
爲少微、陽閶、金雞、陽關。辛爲陰璣、天乙。戌爲鼓盆、婁魁、又
珓爲背一。離爲炎精面九。四維爲四神。丙午丁爲三火。巽
丙丁爲三陽。八干爲八將。辰戌丑未爲四金。白虎爲西獸。
又走馬六壬。辰爲天罡。巳爲太乙。午爲勝光。未爲小吉。申
爲傳送。酉爲從魁。戌爲河魁。亥爲登明。子爲神后。丑爲大
吉。寅爲功曹。卯爲太冲。又十二次舍。子爲元枵、爲寶瓶。丑
爲星紀、爲磨羯。寅爲析木、爲白羊。卯爲太火、爲天蝎。辰爲

壽星、爲天秤。巳爲鶉尾、爲金牛。午爲鶉火、爲獅子。未爲鶉首、爲巨蟹。申爲實沈、爲陰陽。酉爲大梁、爲雙女。戌爲降婁、爲人馬。亥爲娵訾、爲雙魚。先賢鈕記。隨便取用。

第十二層平分六十龍

平分六十龍。蔡西山、朱文公所定。用甲丙戊庚壬。乙辛己丁癸。干于地支各排五位。又名順排六十分金。俾選擇者可以推測某月某節候。太陽輪臨某山方。氣貫平分某龍也。起甲子于中鍼之壬中。平分周佈。以明氣候一日不增多。一日不減少也。其下各帶一卦。甲子起比。丙子剝。戊子復。

復卦正當子中。其序卦之次。即邵子先天六十四卦圓圖。去乾坤坎離四正卦。此卦作用。專論九六冲和。凡坐穴之卦。其外卦得震艮巽兌者。曰冲和。得乾坤坎離者。曰不冲和。如比卦外卦是坎。為不冲和。剝卦外卦是艮。曰冲和。廖金精云。得金不得卦。漫自說空話。得卦不得金。枉自去勞心。金卦兩得。方為全義。時師調此盤甲子。較七十二穿山而不缺。較六十透地而整齊。較百二十分金而中正。以之格龍。曰貽骨。不知欠缺不齊。天地之奇。此盤板死。非邱楊之傳也。如天不三百而三百六十五度四分度之一。大衍之數五十其用四十有九可知天地之道非奇零則不神也邵子曰陽生于子極于午陰生于午極于子在一歲則冬夏二至而陰陽生在一月則朔望二日而陰陽生在一日則子午二時而陰陽生又曰在地言時在天言氣因物以知時因時以驗氣天氣降臨萬物應之而滋生故凡驗氣瞭當知審太陽蓋氣暌有或先或後之不齊必待太陽交度過宮時驗之乃定也其過宮在地紀八千四維之正中即七十二穿山之坐位猶太陽驛傳之行宮也正鍼乃地氣中鍼爲天氣從中鍼王末子初起冬至子末癸初起

小寒○癸末丑初起大寒○自冬至一陽始生于壬末○至丙初芒種○而六陽之氣已極而陰生○又從丙末午初起夏至○午末丁初起小暑○丁末未初起大暑○自夏至一陰始生于丙末○至壬初大雪○而六陰之氣已極而陽生○正鍼之壬丙○乃中鍼壬子丙午之間○陰陽二氣交接之所○中鍼承受來龍天氣○各按七十二候○貫注平分六十龍○凡得真龍正穴○必候天時生氣降臨○正值龍穴分金坐度中○得受二氣交感○謂天地合其德○擇吉安扦合法○則發福響應矣○

第十三層縫鍼二十四位

縫鍼二十四山者。中分一支而成雙山者也。如子支一位。中設壬子二山。以干從支。二十四山雙雙起。子母公孫同一位也。楊公以五行生旺。起于正鍼。雖有大小元空天星卦例。必竟有兼前踐後之弊。故設此盤。專爲占水之生旺墓絕。以立向。與格龍之星氣貴賤。立向之陰陽純駁無涉也。法從寅申巳亥四生位。起雙山。三合而會一氣。如乾亥同宫。甲卯同宫。丁未同宫。是亥卯未。乾甲丁。三合生旺墓而會成木局。艮寅同宫。辛戌同宫。是寅午戌。艮丙辛。三合生旺墓而會成火局。巽巳同宫。庚酉同宫。癸丑同宫。是巳酉丑巽庚癸三合生旺墓而會成金局坤申同官壬子同官乙辰同官是申子辰坤壬乙三合生旺墓而會成水局惟土無定位旺于四墓而附于水氣也正五行爲五行之質雙山五行乃五行之氣故推向水之生旺用雙山不用正五行也其子午先正鍼半位者水爲天氣天氣先至地氣後至耳書曰形成于地氣行自天地之氣即天之氣然氣行于天次及于地次及于人如子月一陽生至巳月而六陽足天氣此時已大熱而地與人未甚也地自丑月一陽生至午月而六陽足而人未甚也人自寅月一陽生至

未月而六陽足。而人始大熱。古人云。天開于子。地闢于丑。人生于寅。雖元會運世之說。而一歲之中。寒煖莫不皆然。可見天地本一氣。而漸及有先後耳。

第十四層縫鍼外分金

縫鍼百二十分金。古以之望雲氣而占豐歉。觀星象以卜究祥。及水旱寇賊雨雪蟲荒等事。所應何方何年。如泰山房八度、癸卯金。會稽斗一度、丁丑金。武昌軫二度、戊辰金。長沙軫十二度、壬辰金。宋何潛益特收入用。葉九升謂爲分金之細法。如正鍼子山庚子分金。左一分是縫鍼丙子。

分金。俱旺相。若庚子右一分分金。下是縫鍼甲子分金。上
旺相而下孤虛。則犯小空亡矣。

重刻元合會通卷之三

益陽歲貢生姚炳奎箸
壻貢生廖新垓參
男明亮孫振鸞校

立向總說

地理之學。巒頭主龍穴。選擇主坐山。理氣則主向。蓋穴埋於地。向朝於空。空即天也。有定而無定者也。山屬艮為少男。澤屬兌為少女。男女之情。自相綣戀。得其向、則婚媾成。而一氣相通。失其向、則謡謗生。而兩情睽隔。向者山水之媒妁也。立向之法。以配龍乘氣納水消砂爲要。詩囊天玉諸書。詳言水局。則三合三元課之矣。然而龍不眞。穴不確。雖砂水合元合運。終歸殄滅。卽如龍眞穴確。而脈氣不清。干雖好山。殊爲空設。浮梁眞武仗劍形地。穴星金水。前吐長舌。鵝木鍬皮。取倚穴。葬劍撇亥龍。左落入手。其右穴受乾氣。明堂案對皆正。不發。李德鴻操左乘辛亥正氣扦丙向。發四神童。二學士。二侯五侍郎。一食邑。科第自宋迄明末及。樂平王宇脈地。高金結穴。中垂乳。旁開兩局。明堂凝聚。預皷劍印咸備。庚脈宜扦卯向。但悞立案不正。劉氏扦作乃辰貪紫正也。廖金精見之。嘆云。軍山帳中王字龍真武大座勢奇雄。我做座王扶聖主。他做出寇也不終。後生漢泗兄弟八人。東陳友諒封萬戶侯。不克終。受脈乘氣有差。咫尺之間。侯寇有間。賴公首言天星。剖析氣脈。細入毫芒。誠足補經頭家認龍扦穴之所不及。立向者。斷不可不奉之爲圭臬。至配龍消砂納水。則宜合蔣盤參而用之。庶可以獲速效。爰分列四者于後。爲學者洗眉刷目焉。

立向掛線訣

靈城精義云。入首入手。則龍與脈之出辨。分金分經。則來

與坐之由分入首者主星之脈入手者貫穴之脈氣也分
金者百二十甲子分經者二百六十宿度也來者入穴之
脈氣如亥脈入穴當乘丁亥辛亥之旺相避己亥乙亥癸
亥之孤虛此分金之用也坐者坐下之山固宜用分金之
旺相而一金之下又有三度當細辨其度之吉凶須先用
目力揣清穴場內外暈氣眞砂眞水之所在因于後能結
咽處格定來脈于穴星降脈處格定穴脈以中鍼合正鍼
看其是陰是陽于明堂中用縫鍼格定水局倒左倒右及
立穴場用中鍼格左右前後高砂是何方位逼一盤打算

或立陰向。或立陽向。總以穴脈爲主。砂水次之。乃于金井後頭。過元女尺六尺四寸。覆掌脈上下盤面。對來脈。掛起氣線。氣線既定。乃掛坐線。坐線可以推移。氣線則不可有差。以入首貫穴之氣。天生已定。不可改移者也。坐線既定。乃掛雜氣線。如正鍼艮脈入手。得透地庚寅。于庚寅上掛氣線。庚寅納音屬木。若作庚向。則掛穿山甲寅一線以爲坐線。甲寅屬水。以生透地庚寅木氣。至于氣線坐線交界之所。便爲右耳乘氣之所。而寅上氣。即爲雜氣。遂于寅上掛雜氣線。如有寅氣冲入。便當趨避。脈急則退下一分。以避寅氣脈緩則進上一分以抵寅氣則艮之眞氣入棺而無雜矣又如艮脈入手得透地戊寅納音與艮皆屬土坐下自旺無待補助若得透地丙寅納音屬火火生艮土反爲泄則失之弱宜用分金生養穴若作庚向宜作丙分金之庚寅木生丙寅火爲旺于穿山坐丁卯火于度坐心五度剋度屬水度尅穴爲財又坐度須尅來水之度不令來水之度剋坐度乃爲全吉

配龍立向訣

靑囊云陰陽相見福祿永貞陰陽相乘禍咎滅門陰陽相

見者陰龍見陰向陽龍見陽向也陰陽相乘者陰龍陽向陽龍陰向也先賢更取天星納甲卦氣三合貴人五者淨陰淨陽陽數奇陰數偶以奇配奇而得偶如一配九而成十是也以偶配偶而亦得偶如二配六而成八是也天星者如亥爲天皇立丙向坐四輔而朝太微皆貴秀之氣也納甲者震庚亥未龍立震庚亥未向爲干卦自配是也配卦者如震長男巽長女爲正配震庚亥未龍立巽辛向是也三合者如坤申壬子乙辰龍立坤申壬子乙辰向爲三方互相配是也十二支龍可直龍直向但穴宜閃歸一邊

不宜頂龍直下向與龍一而龍氣仍從耳入不致氣冲腦散犯雙金殺也催官篇專立干維向不作三合地支向謂干維氣清地支殺重然地支向力大其蔭綿遠總計二十四龍推之一龍得數向以爲用者略証焉亥龍之向在巽丙丁而卯巳次之壬子癸龍之向在坤乙午而申次之丑龍之向在巽丙丁而未庚酉次之艮龍之向在巽丙丁庚酉辛而未次之寅龍之向在坤申而午次之甲龍之向在乾坤卯龍之向在庚辛而丁亥次之乙龍之向在乾坤而申子壬次之辰龍之向在乾坤而戌壬次之巽龍之向在

辛亥艮。而庚次之。巳龍之向在亥。而庚酉辛艮次之。丙龍之向在辛亥艮。午龍之向在壬癸甲。丁龍之向在艮亥。而卯酉辛次之。未龍之向在艮亥。而丑卯次之。坤龍之向在壬子癸。而乾甲乙寅次之。申龍之向在甲癸。而子寅乙次之。庚龍之向在卯艮。而巽巳丑次之。酉龍之向在艮卯巽丁。辛龍之向在艮卯巽。而巳丙次之。戌乾之向在甲乙。而辰次之。此賴公催官篇。及諸賢所定也。術堂局不合。則取陰陽純淨而已。若八殺、如坎龍辰戌向。坤龍卯向。震龍申向。巽龍酉向。乾龍午向。兌龍巳向。艮龍寅向。午龍亥向。此斷不可者也。又九惡向。如兌龍巳丙午向。卯龍坤申酉向。艮龍午坤向。亥龍午向。離龍乾向。壬子癸龍巳向。禍亦不免。平洋多作倒騎龍穴。巽丙午丁。庚酉辛卯。皆可本龍本向。至平洋取龍之法。入首高起緊細者。以二十四山定龍。平坦而有短浜收夾者。則從浜頭弔二十四氣。到頭闊大者。以八卦定卦。則依八卦立向。專用三元之法可也。至于移龍換向。旋乾轉坤。運用之妙。更有在乎一心者。

乘氣立向訣

古人于穴中作用。不曰乘龍。而必曰乘氣者。妙哉其言之也蓋言龍則有定言氣則無定氣猶水也決諸東則東決諸西則西一龍之上左右挨移氣便不同如西北乾乳入首從中格之則乾氣也移步過東格之則變爲戌移步過西格之又變爲亥活潑潑地聽人去乘乘乾便是乾乘戌便是戌只要乘得他來卽爲貫穴之氣此中妙用實參造化之權故有截僞乘眞之法如辛龍入首後龍節節係酉兌陰龍但辛脈垂乳至入手忽右落變戌是辛眞而戌僞也宜提高點穴上乘眞辛下截僞戌蓋陰爲眞陽爲僞也有旁僞挾眞之法如辛戌並行入首後龍陰多而前砂水

收于陰向。則宜放倒戌氣。扶起辛氣。乘辛氣入右耳。立乾山巽向以配辛。若後龍陽多。面前砂水收于陽向。則宜放倒辛氣。扶起戌氣。乘戌氣入左耳。立辛山乙向。能扶起眞氣。則發福悠久。有移龍就向之法。如寅甲龍入首。水法堂局在正西。止有庚酉辛三向可立。龍陽向陰。必難相配。法當舍去寅甲。斜乘卯氣入穴。使其純陰不雜也。有內外兩向之法。入首龍氣。不可移換堂局水向。不能配龍。乃立內向以收山。立外向以收局。如子龍入首。右水倒左。堂局在巳。不可立午陽向。於是欲移龍就向。則壬子癸一片陽氣

不可移。欲以午向配龍。則明堂水城不成局。只得丙立午
向。以配龍氣。外立巳向。以收水局。此處兩難之微權也。有
脫龍就局之法。落脈散濶糢糊。欲移龍則認龍不眞。欲兩
向而山砂殺曜相逼。只得舍難就之龍。而從有據之局。如
子龍入首。堂局在巳。右水倒左。欲立午向。則午上尖砂冲
來。欲立辰向。而辰又爲坎之八殺。當於本龍之上。竟扞巳
向。以收堂局。亦可富數十年之利也。有移龍撥向之法。如
一龍入手。可辛可戌。面前左水倒右。若乘戌而立乙辰向。
則龍賤而僅發丁財。必乘辛而立卯向。乃龍貴而發俊秀。

若乘戌而反扦卯向。乘辛而反扦乙辰向。則發凶禍矣。賺氣又有眞行僞落。僞行眞落之別。眞行僞落者。後龍節節是陰。而到頭一節是陽。就陽扦穴。而立陰向。主初年不發。待剝龍合向而始福。謂之借局穴。僞行眞落者。後龍節節是陽。而到頭一節是陰。就陰立穴。而扦陰向。主初年發福。至行到後龍。則龍向不合矣。謂之速達穴。

賴公催官篇乘氣訣

天皇評穴。亥龍

催官篇一　天輔壬穴。天皇亥氣從右耳接。穴宜挨左。微加

乾天皇氣貫穴無泄四神八將俱朝迎紫綬金章在前列

此左落亥龍也若作巳向恐氣冲腦散須面對亥脈將棺徹挨左加乾立丙向則令棺中右耳乘亥氣而乾氣射入棺外爲吉若挨右加壬則乾氣斜入右耳而眞僞雜矣左右二落當妨僞氣射入之病中落易收立二圖爲式　左落之左挨左之左就面對亥脈者言右耳之右就棺中言　天星以四垣爲最貴紫微垣臨亥爲中宮爲北極天皇大帝之所居故賴公評龍穴俱以亥第一

亥龍左落右耳乘氣之圖

加壬乾氣斜入亥氣赤於之圖

天皇氣射天廐乾星微挨西默虎加壬行天廐穴空始爲吉耳受左氣官班榮

此右落亥龍左耳受氣也亥氣挨右邊來相挨壬邊作巽向令左耳乘亥氣乾氣坐空若不加壬而加乾則失

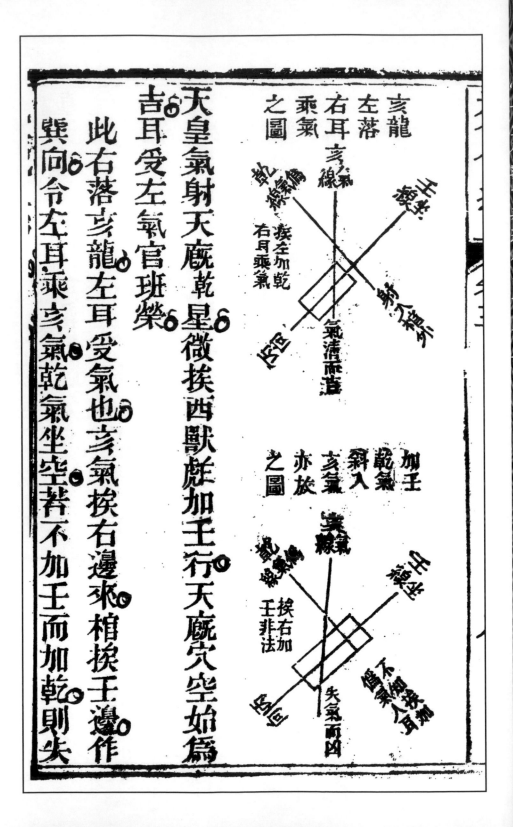

眞氣入偏氣大凶

亥龍右落左耳乘氣之圖

亥龍巽向不加壬亥氣旁之圖

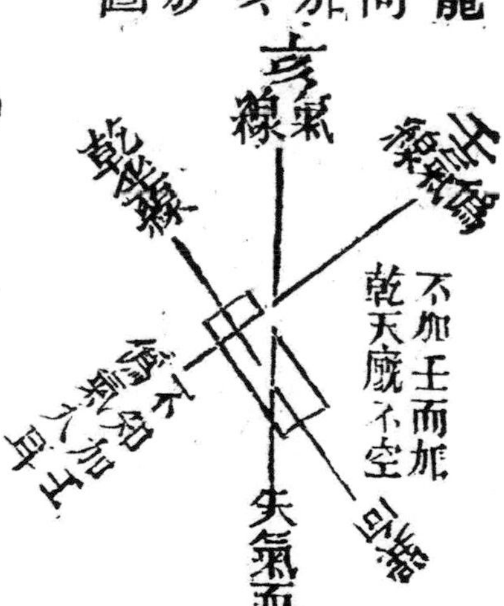

天皇氣冲宂北道。癸挨左立宂爲樞要。稍加乾位細推詳。

右耳乘氣毋冲腦。丁向

天市評宂。艮龍

催官第二宂宜癸。天市艮正氣冲左耳。宂挨西獸微加寅。

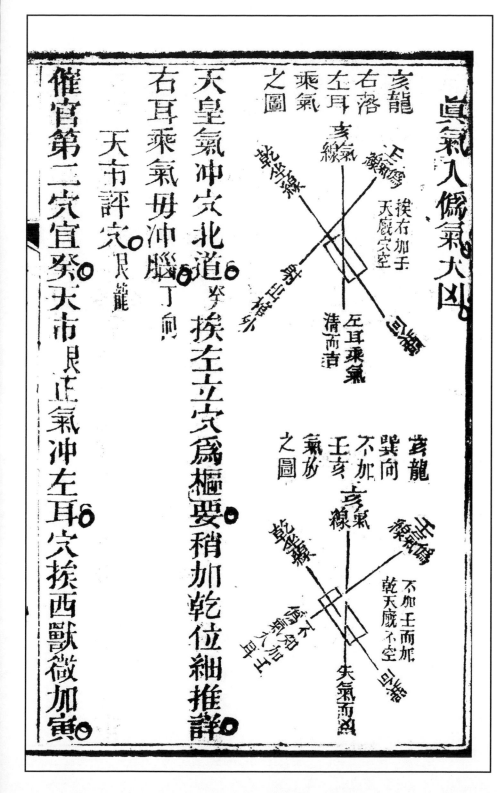

書錦榮華耀閭里○丁向
天市行龍太微丙向○氣冲左脇官貪旺○陰陽相見福祥來○
二樞頫配合相隨唱○丙向
凡龍與坐山○隔五位者○曰腰受○腰受之向○必須砂水堂局天然○方可扦作○

艮龍丙向腰受收放之圖

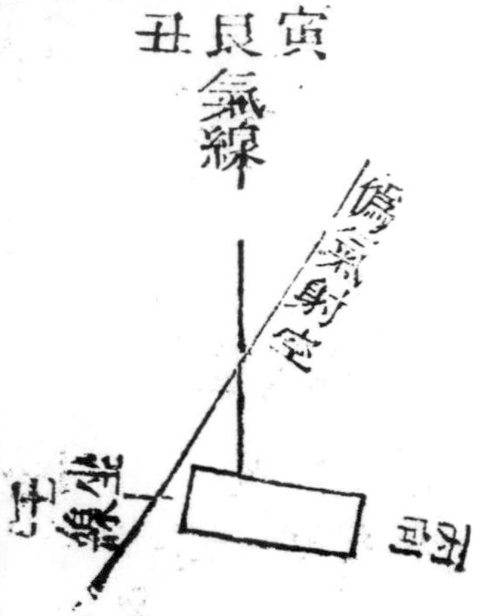

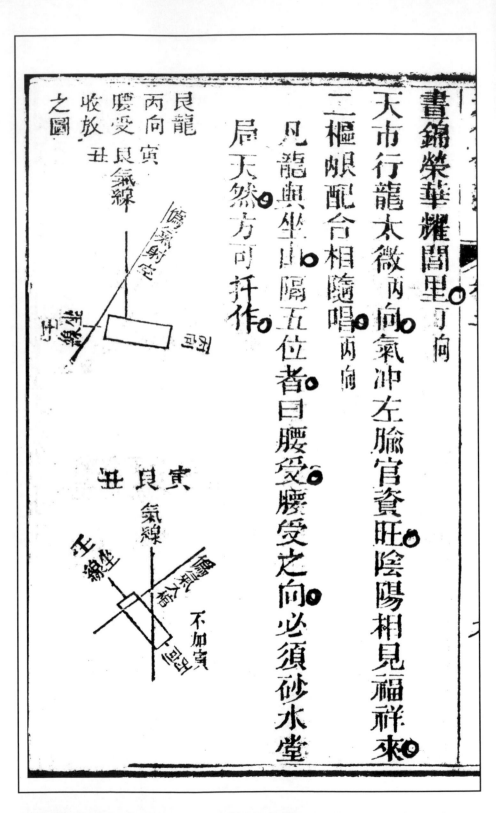

壬癸背一面九離河洛理數無相違四垣四獸各正位五
氣順逆相憑依
此贊坐北朝南之妙也艮八屬木坎一屬水離九屬金
向生坐坐生龍不相違也四垣者紫微垣在北太微在
南天市在東少微在西四獸者青龍白虎朱雀元武也
各正位者面南坐北則各得其本位也
天市迢迢穴陰璣甲氣冲右耳無遂遮天廚丑微加穴粘
左富貴文武官崇巍庚向
陽樞穴坐天官乙星右腰乘氣多榮名若得陰璇辛山秀

趨含書飫吏稱明經。辛向
陽樞艮爲龍西向兌。右耳乘氣最爲貴。穴宜挨左加廚星。
丑閥閱榮華定無艾。酉向
天市行龍向陽璇。巽 氣沖左腧通微元。屋潤家肥積金帛。
只恐天折虧天年。巽向
陰璇評穴。辛龍
催官第三穴天廐。乾 天乙行龍右耳受。挨左立穴加少微。
酉 中男及第紆紫綬。巽向
陰璇穴酉向東震。陰璇氣從左耳進。微侵婁位勿加多。巡

警小官亦英俊。卯向

陰璇辛穴向天市垣。氣從左脇推其源。玉堂金馬無分到。

儒官俊雅多田園。艮向

陽璇評穴。巽龍

催官第四穴宜乙。陽璇巽左耳氣冲入。天官乙借坐加青

蛇。禁闕宸宮須夜直。辛向

太乙巽行龍天屏巳穴。右耳乘氣眞奇絕。亢金殺位勿加

多。巨富小貴人英傑。亥向

太乙行龍向陽樞。艮右腰乘氣無差殊。砂奇水揖龍精異。

詩禮富貴多金珠○艮向

陽衡評穴○卯龍

催官第五穴宜甲○陽衡卯○氣從左耳發○穴挨西獸加天官○

乙持節邊疆掌生殺○庚向

阿香卯東來穴天官○氣貫右耳屍靈安○徵加甲位穴粘左○

先交後武榮官班○辛向

天漢評穴○庚龍

催官第六向東震○天漢庚氣從右耳進○徵加申位多榮名○

富壓鄉邦衆欽信○卯向

天漢正向天市星氣奔 右耳眞奇淸微加酉兌穴粘不水

朝局備家資豐 艮向

南極評穴 丁龍

催官第七穴宜坤南極氣從右耳奔要使兌陰 坤 勿貫穴

微加天馬午滎家門 艮向

收眞避僞之圖

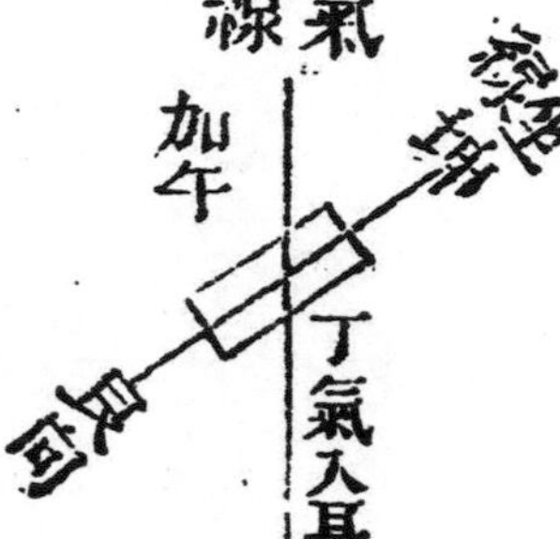

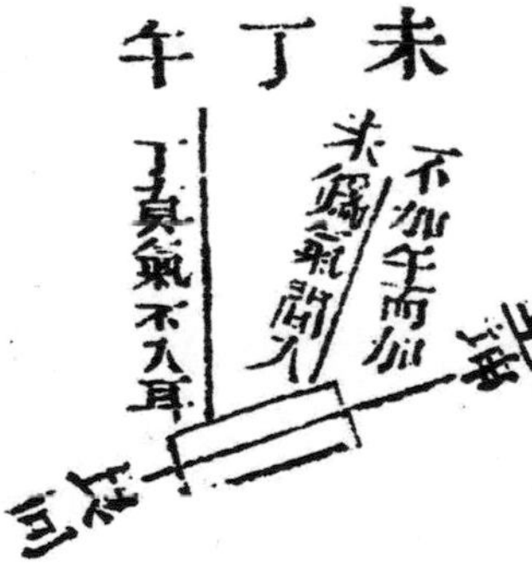

中落之脈當妨僞氣間入之病左右二落亦此

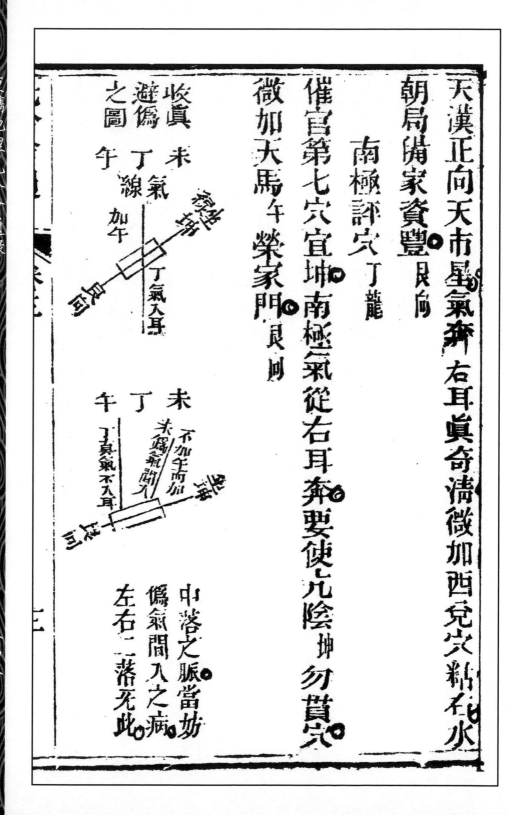

南極丁行龍天皇亥向。氣冲左耳乃爲上。穴挨西獸微加羊。陽權午慎勿毫釐開。亥向

太微評穴。丙龍

催官第八丙龍乙。氣冲左脇英才出。辟太微之龍穴粘巳。氣貫左耳富而已。亥向

太微丙行龍向陽樞。艮右腰乘氣無差殊。穴宜挨左加青蛇。巳亦主人旺家貲富。艮向

少微評穴。酉龍

催官第九兌山艮。左耳氣冲無多叅。累加天乙辛貴龍來。

亦主文章與州郡○艮向

金雞來向天門亥啼○氣沖右耳天廄乾處○微加天漢水砂

朝○少年一舉登科第○巽向

金雞啼向扶桑東○氣沖腦散虧神功○庚辛受穴始爲官○

職榮霸資財豐○卯向

直龍直向隔山取氣之圖

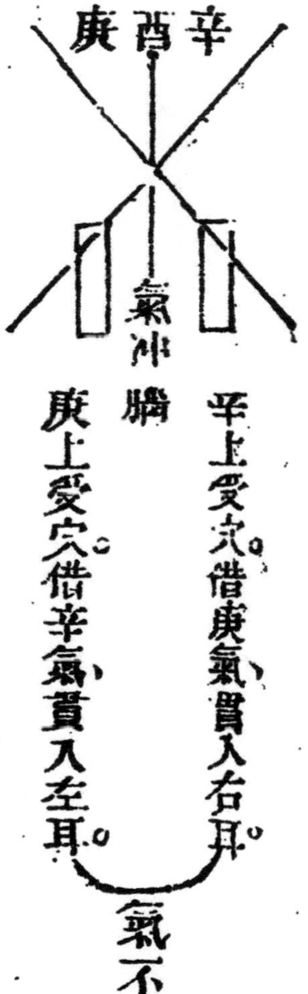

酉

辛上受穴借庚氣貫入右耳○
庚上受穴借辛氣貫入左耳○
氣不沖腦

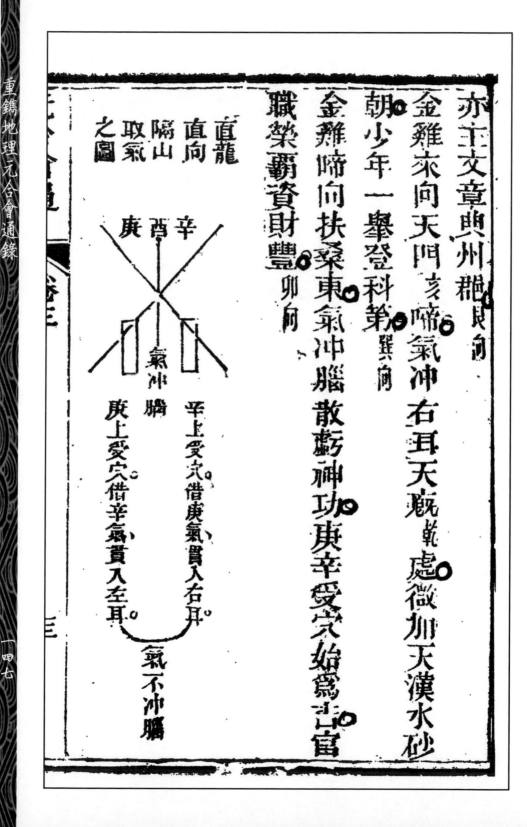

少微正向宜配丁右腰乘氣官職輕若轉天皇脈受穴右耳受氣公侯生 丁向

陽權評穴 午龍

催官第十穴天貴 丙 陽權午左氣從耳注微加南極局周迴砂水合矩公侯至 壬向

離山迢迢應日星丁穴右耳乘炎精午微加天貴丙毫釐位立見鑾官職榮 癸向

天輔評穴 壬龍

背一面九乘天輔壬氣從右耳爲合錦穴宜挨左加天皇

亥

富貴榮華振鄉土○午向

壬山迢迢穴天市○艮天輔氣奔沖右臉○穴左微侵半分亥○

富貴聲名響里閭○坤向

天輔穴向天官星○氣從左臉逼元靈○穴宜挨右加陽光○亦

主財富人英俊○乙向

陽光評 穴子龍

穴坎陽光子右耳逼○龍脈眞俊生英雄○切忌陽光氣沖腦○

家貧退落應如掃○午向

陽光穴坐天市艮垣○氣沖右耳乃爲元○穴宜挨左加天輔○

壬孕產六指多田園。坤向

陰光評穴。癸龍

催官十三向元戈。坤陰光俊美右耳過。挨左微加半分月。

子富貴便見風流多。坤向

陰光穴坎向陽精。午左耳乘氣不爲輕。穴宜挨右微侵牛。

出人英俊資財豐。午向

元戈評穴。坤龍

丁穴迴環局周鎖。元戈耳入氣冲左。穴挨西獸微加申。龍

脈精奇發如火。癸向

坎離交極少生氣，老陰不交龍不備。朝砂秀亦堪誇，坤癸離壬納於是。

陽璣評穴（乾龍）

亢陽無生甲從乾，氣從臉入非天然。陽局不奇必凶惡，鰥寡絕嗣災害綿。（甲向）

陽璣（乾）來龍宜向乙，迢迢左氣從耳入。穴宜挨左微侵婁，（戌）水朝局備家豪實。（乙向宜挨右加亥，反挨左加戌者，帶一二分亥氣入穴，此變法也。）

皷盆評穴（戌龍）

戌山迢迢宜向乙，皷盆（戌）左氣奔耳入。龍行起伏向洋潮，

巨富但恐人殘疾（乙向）
皷盆龍向天苑（甲）星行龍懶緩災非輕穴挨酉獸細消詳
水朝局備家貲豐（甲向）

功曹評穴（寅龍）

功曹坐艮向元戈（坤）左耳乘氣無偏頗微加甲位局周全
龍脈精奇發如火（坤向）
功曹正向天闕（申）星龍脈穎異穴堪親砂水不備總凶惡
寡母怪疾多生嗔（寅龍申向係直山直向宜挨艮借甲氣入耳否則氣冲脈散）

陰賤評穴（甲龍）

陰璣中穴巽向乾峰氣從右臉家興陰左右不交龍失度鰥寡瘋疾動瘟風乾向

陰璣起伏龍向坤左耳乘氣福無窮穴宜粘左微加寅龍奇局鎖方堪輿甲龍坤向宜挨右加卯反挨左加寅者帶一二三分卯氣入穴論詳辰申二龍下

亢金評穴辰龍

亢金穴巽向陽璣氣從右耳爲合宜天宮乙微用穴粘左巨富但忽無期頤乾向

亢金行度向元戊坤左臉乘氣方比和天官乙微加穴挨左龍要精奇局要鎖辰龍坤向法宜挨右加巽反挨加乙者蓋辰龍豈烈加乙則帶巽氣而入避

其正煞也。此挨加之之變法。

天常評穴。未龍

未山起伏龍向艮。天常未氣冲右耳進。穴挨左位帶丁來。

左道榮華人貴盛。艮向

天關評穴。申龍

天關申龍坐天漢。星氣從右耳須細尋。微加天鉞坤輔龍

行水朝局鎖人財豐。申向

申山局向瑤光癸宮。左耳乘氣方爲重。元戈坤微加穴居

左龍蹲虎踞家貲榮。

申龍癸向。法宜加庚。今反加坤。坤有錯謬。蓋申龍不加反氣之剋。只宜乘

漸中氣爲妥

赤蛇評穴 巳龍

赤蛇頭向天門 亥 北直來直向神功烈巽丙受穴最爲良

富貴榮華人英傑 亥向

天廚評穴 丑龍

金牛走向太微 丙 垣氣奔左耳龍脈旋陽樞 艮 微加穴粘

右水朝局鎖多田園 丙向

天廚龍向南極 丁 是左氣沖耳貪財豐穴挨西獸加陽樞

艮 富貴人欽左道靈 丁向

天官評穴 乙龍

天官乙坤向穴天市艮氣奔左臉乃爲利亢金微加穴粘右亦主富貴人招贅 坤向

評穴總訣

氣從耳入官易期氣從腰臉官應遲耳腰乘氣有多寡乘氣愼勿差毫釐

賴公之作催官也其精神在辨龍乘氣挨加立向大約以艮丙巽辛兌丁爲六秀卯庚亥爲三吉故曰六秀行度間震庚三吉受穴文武崇亥山一丈能致富巽水一

句能救貧。又以五行辨行龍之凶吉。如亥卯未木龍卯方起祖。轉亥入首。爲旺趨生。亥方起祖。轉卯入首。爲生趨旺。或亥卯方起祖。轉艮寅。爲生旺入臨官。轉丁未爲生旺入墓。皆吉。若亥卯方起祖。落辰巳爲衰病。落壬子爲沐浴。則爲凶。専以起祖入首辨龍得合生旺官冠則發福。至行度中、有陰陽夾雜之病。亦不泥也。乘氣則有耳受者。腰受者。無鱗甲者。如亥龍左右皆陽隔山取者。如酉龍左右皆陰。又耳受發速。腰受發遲。甚爲細密。其評砂以四維爲主。評水以六秀爲主。如水局巽峯爲臨官。金局巽峯爲

長生。斷其必出元魁。然止可以佐課驗之用。至審局立

向。還當以青囊爲主。勿爲所拘云。

重刻三元合會通卷之四

益陽歲貢生姚炳奎習
壻貢生廖新垓參
男明亮孫振鸞校

納水立向訣

三元三合○皆水法也○龍與砂次之○三元者○三元空挨星紫白之所出○三合者○雙山出焉○申子辰水局也○坤壬乙從之○坤申、壬子、乙辰○俱屬水○寅午戌、火局也○艮丙辛從之○艮寅、丙午、辛戌、俱屬火○巳酉丑、金局也○巽庚癸從之○巽巳、庚酉、癸丑俱屬金。亥卯未木局也。乾甲丁從之。乾亥甲卯丁未俱屬木。是謂雙山五行。凡山水之由左趨右者。爲左旋。爲順行。爲陽氣。以甲丙庚壬四陽干主之。由右倒左者。爲右旋。爲逆行。爲陰氣。以乙辛丁癸四陰干主之。如坤壬乙申子辰。六龍俱屬水。左旋者爲壬。右旋者爲癸。壬則生申旺子而墓辰。癸則生卯旺亥而墓未。生旺之方。山水宜高而來。死墓之方。山水宜低而去。青囊所謂顚顚倒。二十四山有珠寶。逆順行。二十四山有火坑也。推其生旺死絕。而立向以收之。若得山高于旺相。水敗于鬼方。則爲珠寶。否則爲丈坑山山皆有之亦在人能自擇耳而右旋之龍係乙水之生氣宜生寅出戌之丙水爲配乙與丙交此陰用陽朝也左旋之龍係壬水之生氣宜生子出辰之辛水爲配壬與辛會此陽用陰應也左旋陽山必有右旋之陰水交之右旋陰山必有左旋之陽水交之雌雄相配乃成融結故山與水同發源同入墓是謂結髮夫妻主幼年發越若丙水不來干寅辛水不來干子是謂半途夫婦主遲暮乃榮青囊所謂雌與雄陰陽交度合元空是也甲丙庚壬四陽干生氣在左死氣在右故左水倒右立卯午酉子四正向

收左邊生旺水上堂使之流右邊死絕方而去合後天正局乙辛丁癸四陰干生氣在右死氣在左右水倒左立寅申巳亥四維向收右邊生旺水上堂使之流左邊死絕方而去合後天正局爲旺向若右水倒左堂局不在四維在四正則又立卯午酉子四正向左水倒右堂局不在四正在四維則又立寅申巳亥四維向謂之先天局爲生向後天者出世之生旺也由長生而沐浴而冠帶而官而旺而衰而病而死而墓則完後天之局矣故立旺向收生水上堂郭景純所謂朝于大旺也過旺以下衰病死墓皆可去

水皆謂之歸庫所謂流于四謝也先天者腹內之生旺也墓之左爲陽干絕位卽陽干受氣之始墓之右爲陰干絕位卽陰干受氣之始絕處逢生故絕爲小長生而胎而養而長生而沐浴則完先天之局全故立生向收絕胎養水上堂出沐浴方而去水法以來水主財祿去水旺人丁四墓者陰陽相交之地如乙陰丙陽交而趨戌交則生故旺丁沐浴爲五行敗地陰陽亂交故亦旺丁其地屬文曲故曰文口而水口不能限于一隅有可借則借之乙丙丙辛辛壬壬乙丁庚庚癸癸甲甲丁同冠同墓同養同衰陰陽

相交可借其口而出如乙木旺向在寅而水倒右寅卽爲丙生向水出卯爲文口出辰則借辛庫出巳則借乙交辛金旺向在申而水倒右申卽爲壬生向水出酉爲文口出戌則借乙庫出亥則借辛交丁火旺向在巳而水倒右巳卽爲庚生向水出午爲文口出未則借癸庫出申則借丁交癸水旺向在亥而水倒右亥卽爲甲生向水出子爲文口出丑則借丁庫出寅則借癸交蓋旺向則旺以下皆可去水生向則生以下三方皆可去水三方以下則破旺矣先天主秀後天主富二者兼全乃爲大地至辰戌丑未爲

四衰向水局可左可右可來可去其不曰墓向而曰衰向者如火墓于戌向戌則坐辰水倒右則丙火生寅隔于辰之右丙氣不得從左而流行而戌非丙墓辰之左則庚金之生方故戌爲庚之衰向水倒左則乙木生午隔于辰之左乙氣不得從右而流行而戌非乙墓辰之右乃癸水之生方故戌爲癸之衰向寅申巳亥爲左旋之長生爲右旋之帝旺子午卯酉爲左旋之帝旺爲右旋之長生此八方爲八干之專氣若辰戌丑未乃八干之雜氣隨左右旋而附于旺衰爲旺之餘故爲可向直指原中以衰向爲墓向

所以見斥于前賢也。凡定向必先認的水口。乃可裁向。以
消納堂氣。昔人云。來源易知。去口難識。非葫蘆腰。非犬牙
織。而脈盡處。乃為眞的。此要訣也。約而言之。局有七。曰橫
水城。朝水城。織水城。回水城。斜水城。直水城。後合水城。向
有三。曰生旺衰。口有四。曰庫口、文口、借庫口、借文口、歌曰。
水。凡倒左作生圖。倒右還將旺局求。若遇旁朝生氣納。正
朝鄉是旺神儔。回龍前水如環後。右反生收左旺收。又歌
曰。橫織斜皆生旺衰。直流之向惟衰上。回朝後合止生旺。
分而合之五百向。作者熟精此訣。活潑潑地。于巒頭家點

穴之妙用有益無礙證之三元家靜則隨方而定之理無不水乳交融若三元動則依數而行之法則隨時以取之自無不吉而發福亦速使不以三合爲本專以三元立向則冲生破旺當元時或猶可無虞出元則凶不可支矣因取水城之在南者立定局以爲式于左以證三合三元之不相背爲初學隅反

水城在南立向定局

橫水城午水倒右來寅旃生去戌口丙庫立午丁向丙旺向

上元末運下同

橫水城午水倒左來酉庚乙絕去巳丙文立午丁向係乙生向

橫水城午水倒左來庚酉去乙辰辛立午丁向乙生向[illegible]

橫水城午水倒左來庚酉去甲卯丙立午丁向乙生向[illegible]

朝水城午水倒右合左來寅水去辛戌立午丁向丙[illegible]

朝水城午水倒左合右來酉水去巽巳立午丁向乙生

朝水城午水倒左合右來酉水去乙辰立午丁向乙生

朝水城午水倒左合右來酉水去甲卯立午丁向乙生

織水城內堂干水倒右去辛戌繞向前倒左去巽巳立午

丁向生內丙旺外乙

織水城內堂辛水倒右去辛戌又繞到向前倒左去乙辰

立午丁向生內丙旺外乙

織水城內堂午水倒右去辛戌又繞到向前倒左去甲卯

立午丁向生內丙旺

織水城內堂午水倒左去巽巳又繞到向前倒右去辛戌

立午丁向生外丙旺內乙

織水城內堂午水倒左去乙辰又繞到向前倒右去辛戌

立午丁向旺內乙生外丙

纖水城內堂午水倒左去甲卯又繞到向前倒右去辛戌
立午丁向丙旺內乙生外丙
回水城午水倒右去辛戌繞後去甲卯立午丁向丙旺
回水城午水倒右去辛戌繞後去乙辰立午丁向丙旺
回水城午水倒右去辛戌繞後去巽巳立午丁向丙旺
回水城午水倒左去巽巳繞後去辛戌立午丁向乙生
回水城午水倒左去乙辰繞後去辛戌立午丁向乙生
回水城午水倒左去甲卯繞後去辛戌立午丁向乙生
斜水城左來艮寅右來庚酉合流同去右甬未坤方立午

向上元丙旺
斜水城右來庚酉左來艮寅合流同去左角巽巳方立午
向上元乙生。
後合城午水上堂倒右繞後合左水去乙卯立午向上元丙旺
後合城午水上堂倒右繞後合左水去乙卯轉去辛戌亢
午向上元丙旺。
後合城午水向右合左水去戌轉去卯立午向上元丙旺
後合城午水向左繞後合右水去戌立午向上元乙生
後合城午水上堂向左繞後合右水去戌轉去甲卯。立午

向上乙元生

後水城、午水向左、合右水去卯、轉去戌、立午向、上乙元生

以上諸局、丙丁水多者、宜立丙向、丁向、生旺元同、

横水城、未坤水上堂、倒右來寅去戌、輛立未向、坤水多、立

坤向、下丙元衰

横水城、未坤水上堂、倒左來子牸去辰辟、立未向、坤水多、

立坤向、下辛元衰

織水城、內堂未坤水、倒右來寅去戌、外堂倒左來子去辰

立未坤、坤水多、立坤向、下丙辛元衰

織水城內堂未坤水倒左來子去辰外堂倒右來寅去戌

立未向坤水多立坤向辛元丙衰

斜水城未坤水上堂來艮寅去庚申立未向坤水多立坤

向丙元衰

斜水城未坤水上堂來子癸去午丁立未向坤水多立坤

向辛元衰

直流城右來壬子左來艮寅上堂去未坤立未向坤水多

立坤向丙辛元衰

橫水城巽水倒左來庚申去癸丑立巽巳向午丁元旺

横水城巽水倒右來艮寅去丙午立巽巳向（庚生中元）
横水城巽水倒右來艮寅去丁未（癸庫）立巽巳向（庚生中元）
横水城巽水倒右來艮寅去坤申妅立巽巳向（庚生中元）
朝水城巽水倒左合右來庚申水去丑立巽巳向（丁旺中元）
朝水城巽水倒右合左來艮寅水去午立巽巳向（庚生中元）
朝水城巽水倒右合左來艮寅水去坤申立巽巳向（庚生中元）
朝水城巽水倒右合左來艮寅水去丁未立巽巳向（庚生中元）
織水城內堂巽水倒右去丙午織向前倒左去癸丑立巽巳向（丙庚生外丁旺中元）

織水城內堂巽、水倒右去丁未繞向前倒左去癸丑立巽

巳向○丙庚生外丁旺中元

織水城內堂巽水倒右、去坤申○繞向前倒左去癸丑○立巽

巳向○丙庚生外丁旺中元

織水城內堂巽水倒左、去癸丑繞向前倒右、去丙午○立巽

巳向○丙丁旺外庚生中元

織水城內堂巽水倒左、去癸丑○繞向前倒右、去丁未○立巽

巳向○丙丁旺外庚生中元

織水城內堂巽水倒左、去癸丑○繞向前倒右、去坤申○立巽

巳向內丁旺外庚生中元

回水城內堂巽水倒左來庚申去癸丑繞後去丙午立巽

巳向丁旺中元

回水城內堂巽水倒左來庚甲去癸丑繞後去丁未立巽

巳向丁旺中元

回水城內堂巽水倒左來庚申去癸丑繞後去坤申立巽

巳向丁旺中元

回水城內堂巽水倒右去丙午繞後去丑立巽巳向庚生中元

回水城內堂巽水倒右去丁未繞後去丑立巽巳向庚生中元

向水城丙堂巽水倒右去坤申繞後去丑立巽巳向庚生中元

斜水城右來庚申左來艮寅合巽水同去左角乙辰立巽巳向丁旺中元

斜水城左來艮寅右來庚申合巽水同去右角丙午立巽巳向庚弱中元

後合城離巽水上堂向左繞後合右來水去庚申立巽巳向丁旺中元

後合城離巽水上堂向左繞後合右來水去庚申轉去癸丑立巽巳向丁旺中元

後合城離巽水上堂向左合右來水去癸丑轉去庚申立
巽巳向中元丁酉
後合城離巽水上堂向右繞後合左來艮寅水去癸丑立
巽巳向中元庚生
後合城離巽水上堂向右繞後合左來艮寅水去癸丑轉
去庚申立巽巳向中元庚生
後合城離巽水上堂向右合左來艮寅水去庚申轉去癸
丑立巽巳向中元庚生

消砂立向訣

青囊云。更有諸位高峯起。尖秀高員要得位。長生高聳旺人丁。旺位起峯財祿聚。此砂法也。外此有吳公四十八局。雙山五行法也。鋒長老三十八將。洪範五行法也。然止可以辨天成之凶吉。古人言砂獨言消者。以大地多帶殺曜。此中須有作用存耳。惟賴公宿度砂訣。權操在人。按之無不神驗。南唐何令通。謂地無精氣。以星氣爲精氣。誠至言也。法以中針向上之度爲主。角斗奎井、屬木。亢牛婁鬼屬金。氐女胃柳屬土。房虛昴星。心危畢張。尾室觜翼。俱屬火。

箕壁參軫屬水。如局中有高大星峯。須對峯正立。看其在中針何度。砂度屬木。向撥火度。木生火爲生。爲食神。向撥木度。爲比、爲旺神。向撥金度。金剋木砂爲奴。皆吉。向在水度。水生木砂爲洩。向在土度。土受剋于木砂爲煞。皆不吉。故見金火二砂。立水度向。撥金砂爲生。火砂爲奴也。見金土二砂。立金度向。撥金砂爲旺。土砂爲生也。見金木二砂。立金度向。則一爲旺一爲奴也。立火度向。則一爲奴一爲生也。見水火二砂。立水度向。則一爲旺一爲奴也。立土度向。則一爲奴一爲生也。至砂有高、有低、有大、有小。須撥高者大者居吉位而于本山之來龍尤爲吃緊砂有遠有近有身有尾須撥其挺其身居吉位而于其開面有情者尤爲吃緊又須兼巒頭言之如見木金土吉形砂撥于吉位發福最大所謂生見貪狼翰苑客生見巨門台閣臣太陽金水尚書令廉貞破祿鎮邊庭生見文曲爲小貴淺煞旺奴僕倒朋是也故砂有蛾眉鳳輦鏡臺誥軸等形蹕生帶旺則屬男或男尚公主蹕旺帶泄則屬女或女作宮妃又度有初關中關末關之別如室火十七度以一二度爲初關爲進氣八九度爲中關爲旺氣十六七度爲末關爲退

氣看其何關陡健明亮何關透迤偷過何關粘連帶起輕重遲速俱從此辨大抵有生無旺爲有官無祿貴者不富有旺無生爲有祿無官富者不貴又或生而帶殺則貴者戮身旺而帶殺則富者遭禍若殺低小則無子又或生而帶洩主發科甲善詩文居官清廉子孫貧絕又砂有層數尤須分別生在內煞在外是我殺人也煞在內生在外是人殺我也煞先到生後到先否而後泰生先到煞後到方盛而遭刑洩先而小旺後而大始貧終富旺先而大洩後而小始富終貧又或煞洩先逝而大生旺後遠而亦大主

本支貧絕承接房分鼎盛如在左則長絕仲承在前案後坐則仲絕三承無三則長承在右則三絕四承無四則仲承在左右之前則四六受殃在左右之後則長三房皆又或殺在外生在內竟不爲害者如金向內砂土外砂火火土土牽連火生土土生金也又穴點龍氣旺處煞多不應應亦不大害穴點龍氣弱處者反是且觀砂之遠近可斷發福之遲速吉砂近穴有情流年塡實其方即應又有衝釣之法以決禍福之期如立巽宮木度向辰方金度有砂尖鋭金剋木爲煞斷申年戌月損八以申鈎辰戌衝辰故也

若立巳向屬水則又生人發貴又丙宮火度向亥方水度有煞亥年塡實亥係內白虎應損小房人而寅與亥相合竟釣入長房寅月損人曾見煞砂在申橫死不在寅申年月而竟應在巳亥者衝釣之內帶刑穿故也然亦必年月之驛馬動方始應又如子山丙向辰爲奴砂申年月應得財利忽損人口辰子拱申水砂爲煞故也丙向艮爲食神遇辛年月主病耗倘生人則出聰明敗蕩之子艮丙拱辛土砂爲洩故也又金山向巳丑兩峯高起酉砂平伏太歲至酉巳丑兩位高峯拱起酉火爲煞土山向甲丁兩山高

起乾砂平伏太歲至戌亥填實乾方甲丁兩位拱起乾本爲煞此二者爲暗煞若龍旺局美主生威武顯要之人能弱力輕則生豪惡之輩或損人丁凡看四維砂局如乾砂在初關形勢親亥則亥年月應在未關形勢親戌則戌年月應在中關形勢正在乾則甲年月應總之在天看躔舍在地看形勢則吉凶立見若論公位一子獨管二子則廿四位左邊六位屬長右與朝坐共十八位俱屬仲三子則長占左六位季占右六位仲占朝坐十二位若有四子則四居左前長居左後有五子則五居主星二居朝案有六

子○則六居右前○二居右後○凡六子宮位○如青龍從坐山過
去○爲長房之砂○從案山過來○爲四房之砂○白虎從坐山過
去○爲二房之砂○從案山過來○爲六房之砂○如子午向○艮寅
甲爲內青龍○屬長○卯乙辰爲外青龍○屬四○乾戌辛、是內白
虎○屬三○酉庚申是外白虎○屬六○巽巳丙午丁未坤○屬二○亥
壬子癸丑○屬五○撥此砂訣○賴公原以宿度爲主○今羅盤所
製度○猶是公所用○南宋甯宗時開熙歷也○後鐔長老以乾
坤艮巽、配木宿屬木○乙辛丁癸、配土宿屬土○辰戌丑未、配
金宿屬金○子午卯酉、甲庚壬丙、配日月屬火○寅申巳亥、配

水火至張九儀。始以寅申巳亥專屬水。葉九升何揄秀輩
皆因之。然星度有今昔之殊。多寡之異。斷以中針向上。今
憲歷赤道宿度爲准。

重刻元合會通卷之五

益陽歲貢生姚炳奎著
孫壻庠生余之鼎參
男明亮孫振鸞仝校

小元空卦說

元空者、向水之總名也。水色黑、故稱元。向朝空、故曰空。靑囊經云。若論元空分五行。知得榮枯死與生。丙丁乙酉原屬火。乾坤卯午金同坐。亥癸艮甲是木神。戊庚丑未土爲眞。子寅辰巽辛兼巳。申與壬方屬水神。經云、天關開財祿之源地軸濬化生之實。蓋來水爲天關。去水爲地軸。審明堂水之來去。有情無情。以斷何年之興廢也。法以周尺齡班尺八寸爲一尺四尺五寸爲一步。一步管三年。如縫鍼丙向雙山屬火。於明堂丙向上。逆量來水。到屈曲處得正鍼之甲元空屬木。生丙向之火。爲生入。得正鍼之寅。元空屬水。剋丙向之火。爲尅入。生入尅入爲有情。算該幾步到何年必得祿。若是卯水屬金。丙火剋之爲剋去。丑水屬土。丙火生之爲生去。剋去生去則無情。算該幾步至何年必耗財。又于丙向上。順量去水。得辛屬水爲剋入。得亥屬木爲生入。

算至何年必發丁。得坤屬金爲剋去。得庚屬土爲生去。算
至何年必損丁。故縫鍼巽庚癸巳酉丑六金向。得戊庚丑
未水爲生入。丙丁乙酉水爲剋入吉。子寅辰巽辛巳申壬
水爲生出。亥癸艮甲水爲剋出凶。坤壬乙申子辰六水向。
得乾坤卯午水爲生入。戌庚丑未水爲剋入吉。亥癸艮甲
爲生出。丙丁乙酉水爲剋出凶。乾甲丁亥卯未六木向。得
子寅辰巽辛巳申壬水爲生入。乾坤卯午水爲剋入吉。得
丙丁乙酉水爲生出。戌庚丑未水爲剋出凶。艮丙辛寅午
戌六火向。得亥癸艮甲水爲生入。子寅辰巽辛巳申壬水

爲剋入吉。得戌庚丑未水爲生出。乾坤卯午水爲剋出凶。青囊云。生入剋入爲進神。生出剋出爲退神。此小元空之用也。

大元空卦說

葉氏云。青囊是論四卦三合小元空。天玉是論三卦四經大元空。青囊重收生旺。天玉專辨清純。而其註天玉經父母卦也。分江東江西江南北爲三卦。謂自寅至丙八位爲江東卦。自申至壬八位爲江西卦。午丁未坤子癸丑艮爲江南北卦。東西十六位。其一父母。南北八位。其一父母以釋二十四龍管三卦之義。其言大元空也。分金木水火四卦。以乾丙乙、子寅辰、爲一龍。金。巽辛壬、午申戌、爲二龍。木。艮丁庚、卯巳未、爲三龍。水。坤癸甲、酉亥丑、爲四龍。火。八神四個一者。江東八位。其中寅辰乙丙爲大元空之一龍也。八神四個二者。江西八位。其中申戌辛壬爲大元空之二龍也。大元空以金木不犯水火。水火不犯金木爲清。犯則爲駁。三卦之法。東西之龍。行度只宜東西。若入南北卦爲龍不純。立向只宜東西。若立南北向。爲向不純。水步只宜東西。若走南北方。爲水不純。大元空之法。一二金木之龍。

行度只宜一二若折三四卦為龍不純立向只宜一二若立三四向為向不純水步只宜一二若流三四方為水不純或龍向水俱在一龍之內如辰龍乾向水自寅來出丙而去俱在一金之內謂之聯珠格更妙此二家分用之法又有二家互用之法如東西之龍向水不特不犯南北只宜行大元空一二之內並不犯三四之水火此乃清中清為尤吉後曰八神四個一四個二于東西卦中另指出一二金木者此意也若東西為主或犯南北止犯南北之一二不犯三四南北為主或犯東西止犯東西之三四不犯

一二爲圖中精其說不可究窮豎。不若蔣氏之以三元分三卦以天卦爲父母之直捷也。近世傳有元空秘斷。以三元水法爲主。暗融三合之意于內。極爲靈驗。第係鈔本不無訛錯。予爲增潤。並加註釋。以爲斷驗者之要訣。謹錄于左。

元空秘斷。

不知來路。豈知入路。盤中八卦皆空。言扦穴須看來龍。不徒絡入手一節。未識內堂。焉識外堂。局內五行盡錯。言立向須重內堂。不在貪外洋大勢。天星斗。應用祇在中央。千變蓮花。其芬芳出此根蒂。坐穴以天星爲要。銷砂以經度爲主。乘氣脫氣。轉禍福于指掌之間。左挨右挨。辨吉凶

于毫芒之界立向重乘氣左右挨加必合透地耳脇之法夫婦相逢于道路尤
緣隔水不通情男女既屬夫門庭最忌頑劣非孝義龍與水要
雌雄交媾向與水要陰陽比和卦爻雜亂巽坎同居淑慝半參螟蛉爲嗣
龍向水不宜駁雜火燒天而鴟張相鬭家生詬誶之兒風行地而
颼直雖當室有勃谿之婦乾坤爲父母離巽爲子女離水出坎火剋金巽水出坤木剋土
主出忤逆震爲乾父所剋男不招兒坎爲坤母所傷子難得嗣
卯向卯水倒左爲癸生向出乾則破旺倒右爲甲旺向出乾則衝破養生方子向子水倒右爲辛生向出坤則破旺
倒右爲壬旺向出坤則衝破養生方又金剋木上剋水故絕嗣兩卦相淆生逆子東西兩卦山水
淆亂不吉單龍結穴出鰥夫山與水交媾如子山乾艮無水界無配偶主鰥丑未擬局

弃僧尼震巽失宮招賊盜丑時應未向未時應丑向震兌巽係東卦零正失時不吉位明堂破震應罹吐血之災翻卦兌山震水爲破軍震山兌水爲破軍明堂震兌合殺金剋木主血疾巽宮水路纏乾擬獲懸梁之厄巽爲繩乾爲首巽水入乾主自縊雞鼠交而傾瀉每犯徒流雷火出而相衝定遭桎梏酉乃二黑之僧官子乃六白之催官震乃下元之水離乃上元之水忌一時相交相衝值廉貞而火災頻見逢破軍而身體多虧見文曲而蕩子無歸遇祿存而瘟癀並發言破祿廉文各有司令之所非其時則如其星以斷之午酉逢而江湖花柳山風值而泉石膏肓午酉俱屬沐浴方若午酉合流午山見酉水酉山見午水皆主淫艮乃上元之水巽乃中元之水不宜混雜相值山地被風吹還生瘋疾風雷因金死

定破刀兵。坤向坤水出卯爲正局。出子亦吉。若來巽出坤。反來坤出巽。主女人瘋疾。艮向艮水出酉爲正局。出午亦吉。若來巽出艮。來艮出巽。主少男瘋疾。震巽係東卦。兌爲西卦。震巽向。兌水從來是金水剋木向大凶。無家室之可依。奔走於東西道路。少姻緣之作合。寄食於南北人家。生山成水。成山生水。是男女配偶。家室姻緣。不如此則不合局。木傷土而金位重重。禍須有救。土制水而木星疊疊。災亦難禳。坤山見震巽水相剋。得乾兌水制之。尚無害。坎山見坤水相剋。得震巽水制之。亦多禍。非類相從。家多淫亂。因親而合。世出賢良。吉龍向水皆宜一家骨肉。我生之而反被其殃。坐臨盆而致死。我剋之而反蒙其惠。遭法網而更生。酉向酉水。合坎水出巽。是金生水。水生木也。然酉金生巳。流破生方。主產難。卯向艮水入。東西混雜。主凶。幸得卯水制之。合流入坤。爲催官故化凶爲吉陰邪滿地成羣紅紛塲中快樂人矓連珠相值青雲路上逍遙巽離坤兌四女卦山水純陰混雜並列主淫丙丁爲火嚳丙向丁水朝出巽爲連珠格上元大發許下文司馬水法丙臨文曲丁近傷官八財囚之耗散癸爲元龍壬號紫氣昌熾各有攸司丙以申爲支昌丁以坤爲傷官丙丁向見坤申水上堂大凶壬癸有陰陽之分立向收水亦須自別生方反背無情後八不官生位端方拱揖賢嗣承宗生旺方位砂水拱揖有情又得旺時必吉火見土而出頑鈍愚夫木見火而鍾聰明奇士離山雜艮水離向見坤水火土混雜主頑鈍若巽山見離水乃地四生金天九之催官故吉火若剋金兼化水每經回祿之災土能制水又生金自主田莊之富如下元兌山見離水剋兌金出坎雖坎水能剋離火而坎離相

合滄兌金之氣愈使兌山無力離破坎剋而再加而火愈旺上元坤山最怕坎水得艮土制之而出酉酉為坤催官艮土生之故發臺重剋入立見死亡位位生來連添財喜零神作正神正神作零神則凶能向水皆得生旺則吉健而動順而動動非佳兆止而靜翕而靜靜罔不宜言砂飛水走非吉穴負棟入南貧頓見廳堂再燬驅車朝北闕時開丹詔頻來巽為木艮為箕坤為大輿坎為北闕能自巽來入艮作艮山自坤來作離山朝坎合挨星大吉遇正配而一交采蘭之慶必有得干神之雙至折桂之英則多言得陰陽交媾如子山午向水出乾方為正配庚向庚水丙水去丑丙向丙水庚水去戌皆是雙山旺向丁神雙收主貴土涸水而木旺無妨金伐木而火發無忌卯艮山坤向坤水與坎水入堂出震午山子向坎水與坤水入堂出巽坤土制于巽不剋水也一

係巽向一係坤向卯山酉與山乾水來西乾
去離火制金不剋木也一係生向一係衰向星聯奎壁啓
百代之文章胃入斗牛積千箱之玉肖星在午奎壁在乾
亥子山午水出乾
是也胃在酉斗牛在丑艮卯山酉水出艮是也一
合寅午戌局立旺向一合巳酉丑局立旺向故吉離丁逢
子癸喜產英男天市合坤申富當敵國
丙午丁水雙朝立
子午兼癸丁向上
元發貴天市垣在艮寅艮山坤
向坤申水特朝出卯下元發富貴偉王謝水令喬木扶蘇
富比陶朱土助兼金堆積
木選水生乾山巽水出坎也
土選金生坤山艮水出兌也四
生有合旺重人文
寅申巳亥爲四生如丙火生寅
立午向寅水上堂合元運出貴四柱無
衝裕饒田宅
乾坤艮巽爲四杙水上堂無冲剋合局合元
出富砂水斷驗墜所謂四庫水來主驟富是
也辛比庚而辛更粹美乙附甲而乙益秀靈
辛庚乙甲皆
有分陰分陽

之妙須較量龍向四旺吉凶。當看卦而酌其用。四墓非吉。
水勢以立局方吉。
須因時而慎所裁。欲知禍福灾祥。妙在心思眼力。窮神盡
化。庶乎近之。

砂水斷驗歌訣

第一歌。是貪狼。天市垣居艮丙方。艮為貞下起元處。四柱
高撐地始良。砂如欄檻水凝注。定資廩餼富難量。砂如低
小水源短。亦當溫飽足田莊。兩龍遇艮砂森秀。冀甲蟠彎
亥第芳。三台獻秀水特拱。登穴見之福始長。艮畏寅。癸寅
畏艮。水破砂陷貴休詳。

丙應太微多福壽艮龍如遇催官速丙丁赦文山水朝犯罪皇恩叨赦宥砂如印笏作公卿櫥樻之形尤富足辛酉亥龍實驗之亦須水朝或凝蓄破局敗家或火燒登穴見之多災咎丙同午位並流來寅午戌年見回祿

第二歌巨門巽爲地戶太乙星巽砂巽水龍辛亥戊年人試冠羣英巽方若見雙峯起兄弟聯芳入翰林庚卯二龍砂拱巽出人經畧武超羣巽砂若使似蛾眉男爲駙馬女爲妃因女致富因妻貴皆因巽水特來歸巽丙丁水號三陽最喜朝來入鬼鄉東震西庚皆鬼位義門壽考福無

彊巽水雖然剋艮龍縱無壽算也豐隆巽艮兌兮丁巳丑
丁巳退巽酉艮辛巳向剋巽水冷退抱花山見長淫風
辛峯天乙司文章翰林學士觀龍光巽龍年少登科第狀
元魁首姓名揚辛水朝來進金寶亦主如花女人好穴乘
艮亥卯龍神水剋砂秀登科早丁巳艮巽酉艮辛破局冷
退人不曉
第三歌係祿存乾居北極號天門水朝砂聳出冢宰龍神
最喜坐坤申離龍宰輔辰龍貴馬上金階龍躍門乾居卦
首甲干首發福卓巽于辜龍破局多招跛且瘋鰥寡纏贅

絕嗣宗乾亥雙朝八失血戌乾乾喑啞並盲聾艮丙巽龍見乾水災禍須分緩急臨乾水朝時禍速至乾水去時禍緩尋

甲癸甲砂乾龍吉年少登科八得意破局跛躄雜卯瘋峯欲木笏與畫筆寅甲有墩出師巫若使員長主博弈

第四歌文曲癸壬與寅戌納南離離水富豪又貴顯壬子癸龍甚合宜離水去來俱驟發時至離鄉是發期離峯獨出招回祿乾壬泄制產英奇破局咸池及火災子午軍賊劫貲財若有員墩火災兒又主目盲並墮胎巳丙向中午

水見陰人吐血常懨懨。午水若從酉口流。卯艮龍見淫且羞。乾龍午水爲殺曜。位合先天不甚愁。

壬水驟發憂午龍。砂清水秀出公卿。單壬納粟血財旺。坤龍亦作催官論。壬水來時居家發。壬水去時離鄉興。亥艮壬兮離艮亥。黃腫濟水一朝傾。

寅水丁坤發乙龍。水來水去離鄉興。破局寅爲艮八煞瘋盲虎咬血癆人。寅甲有墩出巫祝。員長博弈遠馳名。

戌水辰龍富驟發。戌應奎婁出科甲。間招回祿聾與盲。破局即爲鼓盆殺。卯龍暗啞向戌興。艮龍聾盲向坤發丑未

龍來戌流注。少亡悖逆不忠怨。戌方若有尖刀砂。庚酉龍
見苦屠戮。午戌破局壞眼睛。或砂或水甚分明。砂患眼珠
常出血。水患眼珠凹陷深。庚戌宮中名爆火。庚同戌塘橫
事興。

第五歌。廉貞鬼。震應雷門陽衡位。震水特朝驟富興。庚龍
應產英雄類。庚卯峯高主大權。坤艮卯癸並亥未。庚卯亦
艮乙與坤申。艮庚亥震艮申。姦盜頻興由破局。定遭殺戮
與屠刑。
庚為天漢震催官。去來俱富發武舉。庚砂高似兜鍪樣。主

生大將鎮邊關庚砂尖似判筆形艮亥行龍折獄淸庚砂高聳巽龍見爲官淸正播芳名單庚破局產强人全憑偷竊以營生壬龍丙向庚熖光定生强盜作頭名庚申冲射破人殺害衆成家得丙丁

天皇積善旺丁祿卯巽龍逢尤富足離龍艮亥亥艮壬申畏庚亥爲破局少年吐血癆瘵生若還橫過禍災輕未水信邪主血財卯龍未水分去來未來雷聲家興發未去雷轟家漸衰辰戌龍見出鰥寡悖逆多招僞作㓙

第六歌兌武曲兌應少微西金宿酉砂酉水秀而淸丁艮

催官易且速巽龍酉水殺相侵酉方山陌卯巽凶如逢丁
午辰戌龍酉水來去玷閽風辛酉混朝兩相思雖富剋妻
害靡窮
丁爲南極老人星與丙同來號赦文男孝女賢多壽考破
局腹痛禍家庭陰龍過此皆發福射策金門是酉龍水朝
砂秀魁第一龍來艮亥喜相逢
巳旺丁財號天廚卯龍巳水巨富興巳起貝墩號金印艮
亥行龍最喜逢破局吐紅損年少或見蛇傷所肖應丑龍
酉龍見巳水喑金曜氣兩遭凶巳借巽水以供溜水剋水

今禍相逐。巳剋巽水財退多。巽向巳水丁難救。龍向剋水禍緩輕。水剋向兮禍重速。壬亥艮寅兼乙卯。庚申辛酉同參究。巳屬長生與亥併。巳爲地戶最宜開。陽龍水口巳砂塞。婦人不孕絕嬰孩。陰龍水口巳墩起。纔然懷孕也墮胎。丑流信佛旺牛田。破局僧巫鰥寡兼。長戌龍見癲盈首。兌畏巳兮牛丑連。巽龍丑水黨曜同。四墓魚袋拉屍凶。丑方若有尖刀砂。乾坤龍見產屠翁。

第七歌。號破軍。北方坎納癸申辰。坎癸水朝生六指。離龍入穴近君門。陽龍坤離陰巽兌。定然發禍是雙生。坤離雙

生男即富巽兌雙生女漸貧破局咸池生黃腫投河自縊
並耳聾癸丑混流多腹脹女禍無端到弟昆
申爲生位旺財丁破局虛癆損妙齡卯龍申水忤申向化
煞爲官宮位尊卯龍申水忤庚向逃亡絕滅苦遭刑
大旺財產是辰水來去咸宜冲墓位乾龍得此稅糧多破
局瘋癲並落水坎龍犯煞落水亡酉龍喑啞缺唇齒丑未
龍生痼疾八魚袋砂見主路死甲辰位上是天罡甲向辰
水最可恥
第入歌輔兼弼地母卦排坤與乙坤主財穀極豐盈寡母

起家多蓄積。乙癸乾離四龍神。嵒逢坤水坤砂揖。男為將軍女為將。亂峯低小小官籍。破局坤朝少寡孤。撤裙砂拱女淫汚。若有員峯孟鉢樣。定生和尚與尼姑。坤申並朝福祿齊。坤水卯龍定剋妻。坤氣未水混流入。廉貞八殺兩相隨。未少坤多遇陽局。每見男人吐血亡。未多坤少遇陰局。女人失血甚悲傷。

乙逢坤脈可催官。乙見辰龍貴一般。乙辰雙朝多繼產。贅得妻財富且歡。破局主生手足疾。多女螟蛉或贅繼。乙卯同來定損妻。乙辰投河並自縊。

山不特來卦不准。水不朝凝斷不靈。四庫水來主驟富。四維山起產英雄。四長生破主夭折。四沐浴來主宣淫。丑未水邪佛信巫。牛羊旺。同狂丑戌砂尖屠劊興。子午盜賊殃庚卯。四生吐血午乾坤。辰戌同乾啞聾。午戌同乾寅瞎。寅申乾申辰多癡。坎癸六指丑未癩。乾甲跛龍辰缺唇。子午巳墩胎屢墮。四墓尸山路死人。

昔賴太素寓紹興三年。無有知者。乃將卦氣斷驗訣。留存錢工家。焦氏仁山得之。往餘杭行業。人奉之若神明。其書乃催官龍穴砂水四篇眞詮。賴公星學一生得力處也。張氏配以輔星地母卦。作爲歌。鄙俚重複。拖沓不淸。難于尋繹。予本其義而更其詞。刪繁就簡。條縷分明。更加以精確有驗之訣。末復總括其義。俾學者便于記誦焉。

司馬頭陀水法 公姓劉。名濬。宋哲宗時。南康府人。官司馬。後出家。自稱司馬頭陀。

蔣氏三元水法。本司馬氏水法而出。司馬氏因靑囊有貪狼祿馬。小神大神之格。知天下氣淸。地支氣濁而有煞。逢太歲沖動則凶。乃著水法。悉本三合而用干維。取氣之淸也。直流格云。巽坐水流乾上去。金水相生富且貴。若流辛戌亥壬方失火流離遭徒配乾山巽水出高官來水去水總一般若教巳辰來去見男孤女寡出貧寒坤山艮水出富豪爲官分外更清高切忌丑寅支上去瘟瘴虎咬幾番遭艮山坤水還主富廣置田園開質庫只忌申未兩宮流與蠱家貧並絕戶此正鍼乾巽坤艮串縫鍼戌辰丑未向左右八干同歸向上是三合衰向水法蔣氏推衍之謂天元向水之來去宜在天元地元人元向水之來去宜在地元人元即此法也祿馬御街格云乾宮正馬甲方求借馬原來丙來遊辛是乾宮之正祿三方齊到福無休巽辛正

馬甲正祿艮丙馬癸祿乙摟坤是乙來爲正馬丙爲正祿
更宜求訣以坤申庚爲陽金酉辛戌爲陰金乾亥壬爲陽
水子癸丑爲陰水艮寅甲爲陽木卯乙辰爲陰木巽巳丙
爲陽火午丁未爲陰火陽向從本五行長生上起青龍順
加六神于地支陰向從本五行大墓上起青龍逆加六神
于地支俱以元武前一位爲御街如坤申庚子癸丑六向
乾爲御街得甲水是正馬辛水是正祿丙水是借艮馬上
街酉辛戌巽巳丙六向坤爲御街得乙水爲正馬丙水爲
正祿丁水是借兌馬上街乾亥壬卯乙辰六向艮爲御街

得丙水爲正馬。乙水爲正祿。辛水是借巽馬上街。艮寅甲午丁未六向。巽爲御街。辛水爲正馬。甲水爲正祿。乙水爲借坤馬上街。壬貴。蔣公本此。遂將二十四位陰陽依樣改換。云陰不是陰。陽不是陽。亦緣飾之詞也。司馬公貪狼格云。巽庚癸與乾甲丁。坤壬乙與艮丙辛。四貪狼格眞奇巽定出登科及第人。巽庚癸者。正鍼庚向。串縫鍼串向。癸水上堂。倒左出巽。合子申辰局。乾甲丁者。正鍼甲向。串縫鍼寅向。得丁水上堂。倒左出乾。合午寅戌局。坤壬乙者。正鍼壬向。串縫鍼亥向。得乙水上堂。倒左出坤。合卯亥未局。艮丙辛者。正鍼丙向。串縫鍼巳向。得辛水上堂。倒左出艮。合酉巳丑局。此四陰干之旺向。生水上堂出墓而去。立正鍼甲庚丙壬。串縫鍼寅申巳亥向也。三奇格云。乾癸坤辛正是奇。艮乙巽丁過度時。若是相逢依順逆。爲官早折桂中枝。乾癸者、丙向得癸水上堂。倒右出乾也。坤辛者、甲向得辛水上堂。倒右出坤也。艮乙者、庚向得乙水上堂。倒右出艮也。巽丁者、壬向得丁水上堂。倒右出巽也。此四陽干之旺向。生水上堂、出墓而去。立正鍼甲丙庚壬。串縫鍼甲丙庚壬向也。三合連珠格云。辛入乾宮百萬庄。癸歸艮位發

文章乙向巽流清富貴丁坤終是萬斯箱甲乙艮兼丙丁
巽庚辛坤與壬癸乾貴人三合連珠水三合連珠爛了錢
辛入乾者辛向庚水上堂倒右出乾癸歸艮者癸向壬水
倒右出艮乙巽者乙向甲水倒右出巽丁坤者丁向丙水
倒右出坤甲乙艮者甲向乙水來朝倒左出艮丙丁巽者
丙向丁水來朝倒左出巽庚辛坤者庚向辛水來朝倒左
出坤壬癸乾者壬向癸水來朝倒左出乾此正鍼乙辛丁
癸甲庚丙壬向左右兼加俱可經云奇貴連珠並祿馬三
合貪狼貴無價小神流短大神長富貴聲名滿天下乙辛

丁癸是小神。甲庚丙壬是中神。乾坤艮巽是大神。司馬氏發明其義。總以乙辛丁癸甲庚壬丙立向。以乾坤艮巽去水。悉合三合生旺衰向水法。是善于用楊公之法者也。爲立定局于左。

左水倒右局

乙丙坤　丁庚乾　辛壬艮　癸甲巽

乙丙乾　丁庚艮　辛壬巽　癸甲坤

上字是水源中字是向下字是水口餘做此。此入局要串縫鍼甲丙庚壬向忌串寅申巳亥向

乙丁坤　丁辛乾　辛癸艮　癸乙巽
乙丁乾　丁辛艮　辛癸巽　癸乙坤
甲乙巽　庚辛乾　丙丁坤　壬癸艮
以上十二局左右兼加俱可
甲丙坤　丙庚乾　庚壬艮　壬甲巽
甲丙乾　丙庚艮　庚壬巽　壬甲坤
以上八局宜串縫鍼甲丙庚壬向。忌串寅申巳亥向。
甲丁坤　丙辛乾　庚癸艮　壬乙巽
甲丁乾　丙辛艮　庚癸巽　壬乙坤

以上八局左右兼加俱可

右水倒左局

乙壬乾　癸庚坤　辛丙巽　丁甲艮

乙壬坤　癸庚巽　辛丙艮　丁甲乾

以上八局宜串縫鍼寅申巳亥向忌串縫鍼甲庚丙壬向

乙甲艮　丁丙巽　辛庚坤　癸壬乾

乙癸乾　癸辛坤　辛丁巽　丁乙艮

乙癸坤　癸辛巽　辛丁艮　丁乙乾

上前八局左右兼加俱可　四局宜加辰戌丑未

甲壬乾　壬庚坤　庚丙巽　丙甲艮

甲壬坤　壬庚巽　庚丙艮　丙甲乾

上八局宜串縫鍼寅申巳亥向

甲癸乾　壬辛坤　庚丁巽　丙乙艮

甲癸坤　壬辛巽　庚丁艮　丙乙乾

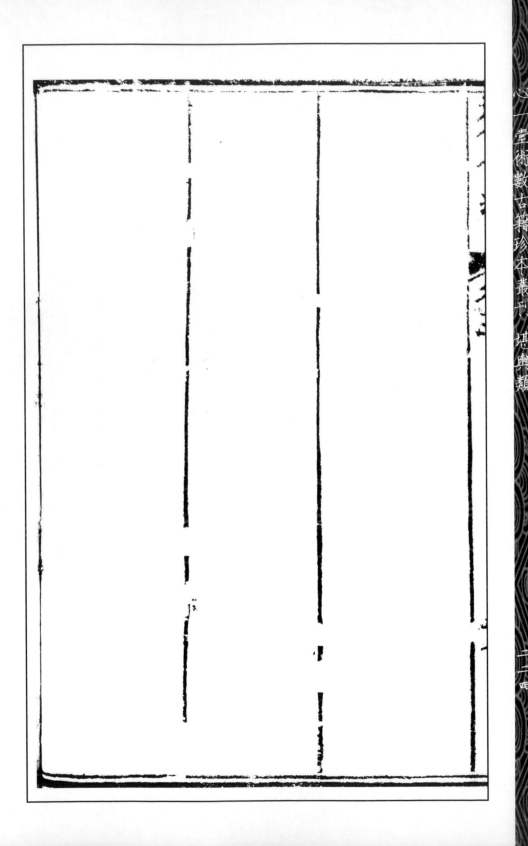

重刻元合會通卷之六

益陽歲貢生姚炳奎箸
孫瑨庠生余之鼎參
男明亮孫振鸞仝校

輔星挨星源流總說

昔人謂不明八山則不知吉凶之位不明九宮則不知興廢之時二者實交相爲用八山輔星也從本局向上起星以貪巨武爲吉合天定卦三合家用之九宮紫白也以本局星入中飛佈以生方旺方爲吉合挨星卦三元家用之

九宮得運之局。得運之水。吉。入山之吉。則必發。但陰宅重水。陽宅重門路。而八卦方位。須合先後天納甲參用。若不通會其源流。而專執其師之一說以相取。則不合而不驗者多矣。蓋二者皆取貪巨祿文廉武破輔弼九星配用。先賢隨時取義。顛倒變易。各借以明其意之所在。予爲博考而剖析之。庶執一者可知所化矣。九星取義于北斗。原屬渺茫。昭代叢書。已明斥爲星歷家好奇之說。楊公筠松借以言巒頭。證明五星之兼體。極爲精確。詳載撼龍經。實爲堪輿家不祧之祖。而以貪配一白坎。巨配二黑坤。祿配三碧震文配四綠巽廉配五黃中武配六白乾破配七赤兌輔配八白艮弼配九紫離始見于幕講師所傳之玉鏡正經今之用挨星者皆用此法也青囊奧語載坤壬乙文曲從頭出艮丙辛位位是廉貞巽庚癸盡是武曲位乾甲丁貪狼一路行是三合雙生法也坤壬乙合申子辰為水局故屬文艮丙辛合寅午戌為火局故屬廉巽庚癸合巳酉丑為金局故屬武乾甲丁合亥卯未為木局故屬貪而言三元者更之曰坤壬乙巨門從頭出艮丙辛位位是破軍巽辰亥盡是武曲位甲癸申貪狼一路行子未卯三位祿

存倒寅庚丁顛倒作輔星午酉丑右弼輪到九戌乾巳文曲古連四蕤上元卦爲坎坤震上元星爲貪巨祿而以貪分配坎之癸坤之申震之甲故曰甲癸申貪狼一路行以巨配坎之壬坤之坤震之乙以祿配坎之子坤之未震上卯故曰坤壬乙巨門從頭出子未卯位位祿存倒下元卦爲兌艮離下元星爲破輔弼以破配兌之辛艮之艮離之丙故曰艮丙辛位位是破軍以輔弼配兌之酉庚艮之丑寅離之午丁故曰寅庚丁顛倒作輔星午酉丑右弼輪到九中元卦爲巽乾中元星爲文武以武配乾之亥而互以辰巽以文

配巽之巳而亙以戌乾故曰巽辰亥盡是武曲位戌乾巳
文曲古運四此二十四山二十年小運之令星也三合三
元各有取義奚必辨其孰爲古本今本耶至論九星之所
自始則起于邱延瀚天定卦邱公頷所謂元女當年親口
傳者也上横列後天離巽坤兌四女卦下横列乾艮坎震
四男卦而按先天生卦之序乾一兌二離三震四巽五坎
六艮七坤八而一與二對三與四對五與六對七與八對
從本卦對宮起貪一上一下次第翻之中起中止終起終
止以貪巨祿文廉武破輔弼爲序輔與弼同宮是八山之

祖也。諸卦俱從此出。如乾局。乾與兌對。從兌起貪。綜起綜止。震巨、坤祿、坎文、巽廉、艮武、離破、乾輔。是為天父卦。坤局。坤與艮對。從艮起貪。中起中止。巽巨、乾祿、離文、震廉、兌武、坎破、坤輔。是為地母卦。以貪巨武為三吉。坎局則巽辛艮丙、震庚為吉。離局則以震庚兌丁巽辛為吉。震局則貪在離。巨在乾。武在坎。巽局則貪坎、巨坤、武離。艮局則貪在坤。巨在坎。武在乾。兌局則貪在乾。巨在離。武在坤。四陰龍之三吉。在四陽卦。四陽龍之三吉。在四陰卦。故陽龍宜坐陰山。立陽向。陰龍宜坐陽山。立陰向。以占坐山之吉秀也。楊錫松虛州陽宅課云、辛龍甲向坤門路只管用現財、自有五鬼運將來、辛龍即巽從坎起貪廉在乾廉爲五鬼甲納于乾甲向是五鬼臨門也。巨在坤乙掌財帛坤乙門路得水。爲五鬼臨門帶財來。是楊公用對位起貪之法無所謂杈星也。吳景鸞徽州府基課云、卯龍丙向甲門開五百年開產大財走了紫陽山下水。乙庚之歲損嬰孩基係癸卯龍過峽癸卯隸震從離起貪、巨在乾甲納于乾開甲門、故產大財廉在坤坤峯高聳因建一樓供一黑邑將軍拈弓搭箭射之以水制火也。巽峯祿存、宜低而高乃于南門外

向巽鑿一丁字塘以制之用丁者巽納辛畏丁火爲殺曜
也癸卯龍納首屬金酉水來係金旺方却爲破軍乃建橋
造屋以掩之水流紫陽山巽巳方去係金生方故乙庚化
金之年有損小兒之應是吳公用對位起貪之法無所謂
換星也賴敬仙記胡太傅巽龍乾向地云五鬼臨門不帶
財官爲太傅也須貧巽龍入首巨門到坤五鬼到乾乾峯
高起即折乾向是五鬼臨門也若坤乙方有水來則帶財
主有五鬼運財之應或乾向有水朝拜則廉貞火化爲輔
弼水不惟無吐血回祿之災且有官貴孝友之慶貴而且

富也。惜兩方皆平坡無水。故斷貪是賴公用對位起貪之法。無所謂挨星也。又有五鬼卦。從本宮起廉。以廉武破輔貪巨祿文為序。以貪巨武水朝為吉。廖公金精以廉居本宮。不合陰陽。乃將廉輔互換。從向上起輔。以輔武破廉貪巨祿文為序。例用正鍼。而兼縫鍼。不論水口。專論來去之水。目之所見者為是。貪、輔主子孫。武主貴秀。巨主財帛。廉主火症。破主官灾。祿主殘疾。文主淫蕩。各以類應。內中有吉帶凶。凶帶吉者。如廉為五鬼。帶巨門水。主富。辛向見乾水。亥水同來。是也。帶武曲水。主貴。庚向見坤水。丁水同來、是也。但發福者主有血疾。若廉貞水帶巨武水不上堂而他去不吉。卦例至廖公始變對位起貪之法。而從向上起輔。是爲輔星水法。亦無所謂挨星也。自後乃有變輔而用挨者。殆始於蔣公平階。蔣公頗諳天星之學。所著天元五歌。論元運。論選擇。實有可取。所言挨星引而不發。致使無識之徒。不明易理。不識天心。各創一說。以簧鼓于世。竟令學者。眞贋莫辨。吁。誤人甚矣。予於挨星經十餘師。始得其其眞。散見於各條下。茲將各卦例剖析源流而立輔星定局。與總斷歌于後。俾學者不勞而獲焉。

輔星定局

乾甲向。武在離壬寅戌。破在艮丙。廉在巽辛。貪在坎癸申辰。巨在坤乙。祿在震庚亥未。文在兌丁巳丑。

離壬寅戌向。武在乾甲。破在巽辛。廉在艮丙。貪在坤乙。巨在坎癸申辰。祿在兌丁巳丑。文在震庚亥未。

艮丙向。武在巽辛。破在乾甲。廉在離壬寅戌。貪在震庚亥未。巨在兌丁巳丑。祿在坎癸申辰。文在坤乙。

巽辛向。武在艮丙。破在離壬寅戌。廉在乾甲。貪在兌丁巳丑。巨在震庚亥未。祿在坤乙。文在坎癸申辰。

坎癸申辰向武在坤乙、破在震庚亥未、廉在兌丁巳丑貪在乾甲、巨在離壬寅戌、祿在艮丙、文在巽辛

坤乙向武在坎癸申辰、破在兌丁巳丑、廉在震庚亥未貪在離壬寅戌、巨在乾甲、祿在巽辛、文在艮丙、

震庚亥未向武在兌丁巳丑、破在坎癸申辰、廉在坤乙、貪在艮丙、巨在巽辛、祿在乾甲、文在離壬寅戌、

兌丁巳丑向武在震庚亥未、破在坤乙、廉在坎癸申辰貪在巽辛、巨在艮丙、祿在離壬寅戌、文在乾甲、

輔星總斷歌

輔弼屬木一四七太陽本宮主孝弟更得木旺方與時亥
卯未年應得意
武曲屬金二五八金水福德主科甲更得金旺方與時巳
酉丑年應顯達
破軍屬金一四七天罡絕命主凶逆腫足缺唇及瘟癀瘋
啞聾難雷水溺
廉貞屬火一四七燥火五鬼主狂戾師巫瘟火癆血亡絕
聾雷傷並足疾帶巨主富帶武貴廉文並入招狐媚更得
火旺方與時寅午戌

貪狼屬木三六九紫氣生氣主孝友因公進財及登科紫
茜繞梢發丁口
巨門屬土二五八天財天醫主正大神童壽考福豐隆辰
戌丑未年方發
祿。屬土三六九孤曜絕體主頑謬僧道牢獄寡與鰥縊
亡產難亦時有
文曲屬水一四七擄蕩遊魂主技藝賭博顛狂落水亡瘖
瘰癧瘵眼足疾欠債離鄉鰥寡多申子辰年大不利

五鬼運財定局

乾甲龍。立巽辛向。得震庚亥未來水與門路。
離壬寅戌龍。立艮丙向。得兌丁巳丑來水與門路。
艮丙龍。立離壬寅戌向。得坎癸申辰來水與門路。
巽辛龍。立乾甲向。得坤乙來水與門路。
坎癸申辰龍。立兌丁巳丑向。得艮丙來水與門路。
坤乙龍。立震庚亥未向。得巽辛來水與門路。
震庚亥未龍。立坤乙向。得乾甲來水與門路。
兌丁巳丑龍。立坎癸申辰向。得離壬寅戌來水與門路。
總訣。乾坤龍。用雷風相薄格。震巽龍。用天地定位格。坎

離龍用山澤通氣格艮兌龍用水火不相射格男卦龍用女卦向取男卦水女卦龍用男卦向取女卦水陰陽相配巧合如此

大遊年卦

大遊年亦名卜居卦八宅周書相宅家用之法本天定卦以貪廉武文祿巨破輔爲序因謂以貪巨祿文爲序者可兼斷陰宅名小遊年此專看陽宅名大遊年小陰而大陽也如震爲本宮乾屬廉曰五鬼卽小遊之巨門巽屬武曰延年卽小遊之祿存坤屬祿曰禍害卽小遊之廉貞坎屬

巨、曰天醫、即小遊之武曲。離屬貪、曰生氣。艮屬文、曰六煞。兌屬破、曰絕命。震屬輔、曰本宮。皆與小遊同。若乾兌爲老陽。艮坤爲老陰。二老相配。爲西四宅。離震爲少陰。巽坎爲少陽。二少相配。爲東四宅。東四宅木火相生相比。須門主竈與宅主命。俱在東四卦。西四宅土金相生相比。須門主竈俱在西四卦。但山爲正神。一卦可通三山。門主竈爲零神。宜兼用納甲。此又從對宮起貪之法。與輔星向上起者有異。錄定式于後。

乾六天五禍絕延生、　坎五天生延絕禍六、　艮六絕禍生延天五　震延生禍絕五天六、

巽天五六禍生絕延　離六五絕延禍生天　坤天延絕生禍五六、兌生禍延絕六五天。如大門在南用離六句從門上起數，遞安八方

三元命訣

上元甲子起一宮中四下七五寄坤女命上五寄艮八中二下八逆順輪男命上元甲子、用排山掌起坎一宮逆數至離爲甲戌屬離命中元甲子起巽四乙丑至震屬震命下元甲子起兌七乙丑是乾命丙寅是中五、寄坤二爲坤命數至丙子是巽命女命上元甲子起中五寄艮八爲艮命順行乙丑是乾命丙寅兌命中元甲子起坤二屬坤命

下元甲子起艮八是艮命。數至癸酉仍在艮。亦是艮命。算法每一宮行十年。如下元男命。甲子起兌。逆至甲戌乾。甲申中五。甲午巽。是巽命。乙未震。是震命。丁酉是坎命。辛丑是乾命。

三元年九宮起法

年白三元各不同。上元甲子起一宮。中元四祿宮中起。下元七赤逆行輪。

每甲子皆逆行。九星皆順布。如上元甲子起坎。乙丑離。辛未到震。即以三碧入中順飛也。

月九宮起法

子午卯酉起八白辰戌丑未五黃求寅申巳亥二黑起逆
行順布八方遊

如子年正月起八白二月七赤三月六白以值月星入
中順飛八方以論凶吉

日九宮起法

冬至一白雨水赤穀雨原從四綠求夏至九紫處暑碧[illegible]
降先從六白遊陽須順去陰還逆但求六甲永無休若逢
紫白方為吉活法須當仔細搜

如冬至前後甲子日起一白乙丑日二黑夏至前後甲子日起九紫乙丑八白以值日星入中順飛八方

時九宮起法

三元時白日相同陽順陰逆入中宮冬至一四七當記夏至九六三是宗

冬至後子午卯酉日子時一白辰戌丑未日子時四綠寅申巳亥丑子時七赤順行求值時星夏至後子午卯酉日子時九紫辰戌丑未日子時六白寅申巳亥日子時三碧俱以值時星入中順飛

九星生剋歌

生氣原來生我身。殺星剋我便為凶。我若生他爲退氣。被吾剋者是財神。但爲死氣非全利。與我相同旺氣眞。

凡看山水。須審大局。何方峯起。何方水近。如離方有水。便作坎山。坎方有水。便作離山。乾方水近。便作巽山。巽方水近。便作乾山。四圍有水。作中宮論。如無合流則取橫遶。如有合流。卦則從再。益平地以高者爲山。山峯爲建。低者爲水。水際爲破。建爲主。破爲客。主宜豐厚。客宜環抱。生旺方、宜山高水朝。關煞方、宜山低水去。又土局見一白木局見八白火局見六白爲魁星火山見八白土山見六白金山見一白爲善曜宜朝揖有情及山岡水路得管元星朝顧主六十年大利加南方水近即爲坎卦以一白星入中其生剋以一白水爲主二黑土到乾爲殺氣方三碧木到兌爲退氣方

主運流年九星加臨吉凶訣

生入煞方勘疾病煞入生方半吉凶死上煞來動田產財臨殺退損犧牲殺臨關煞奪心害生入生方處處興惟有五黃正神煞入方到處不留情

以主運星流年星加八局八方斷。如坎局以坤爲生氣方。上元甲子二十年。又得七赤生氣加坤。爲生入生方。餘倣此。生見生。主進財增產。生見煞。主官災。得貴人救。殺見殺。主火災損人。煞見生。上半年吉。下半年損人。退見退。主禍害疾患。生見退。主損六畜小口。後遇貴人。以本方有山水道路朝拱。及六事動作方斷。

陽宅九星吉凶斷

煞氣原妨門竈廁。煞方偏喜去安房。生旺自宜安六事。門戶路井竈廁生方却忌去安床。退氣須知損畜產。門安死氣不生

還有五黃凶愈速。百事臨之都見傷。
如震宅。以三碧入中飛佈四綠到乾為旺氣方。五黃到
巽為沖關方。六白到艮為殺氣方。七赤到離為殺氣方。
八白到坎為死氣方。九紫到坤。為退氣方。一白震為生
方。二黑巽為死方。餘倣此。凡占陽宅。先以生氣殺氣占
宅外砂水。次以生氣殺氣。占宅內房間。並本方自有生
旺死退吉凶之分。飛剋本位為煞。本位剋飛為死。飛生
本位為生。本位生飛為退。比和為旺。合中宮之生旺。而
本位又自為生旺。不相刑害。則吉。合中宮之生旺而本

方自爲退煞。則吉凶相半。中宮之生旺方。住之人財兩旺。中宮之殺方退方。若本方自生自旺。主人丁繁盛。所謂殺方偏喜去安床是也。又如三碧屬木。生亥、旺卯、祿寅、死午、墓未、絕申。生旺方。更得三白星加臨。開門六事大吉。雖艮爲殺氣。而艮有寅祿。甚爲吉也。至以方論則以房床爲主。以房床之星。入中順飛。門戶灶廁。擇其生旺。避其關煞。大忌灶於房門相冲關。若有冲剋。可移其一。舊本紫白賦。相傳爲元無着大士著。相宅如神。但係鈔本。不無訛錯。予爲删潤註釋。錄之于左。

紫白賦

四一同宮准發科名之顯九七合轍常逢回祿之災二五交加罹死亡並罹疾病三七疊至見刦盜更見官非此段提綱蓋四祿主科第之祥一白乃官星之慶下元歲在癸卯坎宅之中宮發科上元歲在丙寅乾宅之三房入泮故秀士赴舉布衣求榮占之各有其法而下僚思附廢員復起作之亦巽其方第任宅以局方爲主層間以圖運爲君三九九六六三豈惟乾離震攀龍有慶而二五八之隅亦可蜚聲三碧年九宅乾方及六縫五間之第二間九紫年六宅離方及八縫七間之第五間六白年三宅震方及十縫

九間之第八間
俱四一同宮
一七七四四一○豈但艮坤中附鳳爲嘉而
四七一之房○均堪振羽○
一白年七宅艮方及六縫五間之
第四間七赤年四宅坤方及八縫
七間之第七間四綠年一宅中宮
及四縫三間之第一間四一同宮
八二三五五八○固在兌
巽坎登榮足樂○
此論通關大勢排算方位論某年某方之
宅人利非單論一間也八白年二黑山二
黑年八白山一四俱在兌方之宅一五黃年二黑山四而三
一在巽方之宅五五黃年八白山四一在坎方之宅
六九之屋○俱足顯名○
此論層數之屋幾進幾層也八白年
坤宅二黑年○艮宅從後直數至第三
進五黃年艮宅第六進
坤宅第九進四一同宮
推之八六則文事參軍異途擢用○
六八則武科發跡○韜畧榮身○亦數有固然○而事非倖致也○
此段申明
科名之應
若夫九紫爲後天火星○七赤乃先天火數○旺宮

單遇動始爲殃殺處重逢靜亦肆虐或爲廉貞五黃並至或爲都天殺戊己加臨雖有動靜之分均以火災爲患是故亥壬方之水路宜通閉之則登時作祟右弼方之池塘可鑿塡之則隨手生殃廟宇刷紅在九紫煞方尚遭瘟火樓臺聳艷當七赤旺地豈免炎災造高塔於火宮建岑樓于煞地但値二星同到必然萬室俱焚此段申明回祿之應是以五黃正煞不拘臨方到向常損人口二黑病符無論小運流年多生疾病五主孕婦受厄出霜孀于黃遇黑時二主宅母罹凶出鰥夫在黑逢黃至五黃陽土二黑陰土主肚腹黃加黑是陰壓陽出寡婦黑加黃是陽

壓陰出　運如已退廉貞到處遭殃運若未交巨門會婦姑
解夫
咎故九紫雖司喜氣而六會九則長房血症七九之會尤
凶四六固掌文昌而八會四則小口損生三八之會更融
木剋從此類推確有實驗此段申明死夫當尤三碧爲鬬狠
土　亡疾病之應
之神破軍七赤亦肅殺之象故交劍殺七赤遇六白興逢劫掠鬬
牛殺三碧遇坤土起惹官非七逢三到生財豈識財多破盜三
遇七臨成疾那知疾更招尤要圖引盜息刑不可殺星遇
旺欲識延年却病全在助曜相親此段申明劫盜官非之應是知旺生
一遇爲亨善曜疊逢爲美八白逢紫火歡喜重來土火生六

白遇輔星尊榮不次土生金欲求嗣續但取生神加紫白之星至論窖藏祇宜旺氣在飛星之列二黑與八白齊飛而財源大進得九紫則瓜瓞綿綿三碧同一白至而丁口頻添交二黑則倉箱濟濟先旺丁後旺財子中可見先旺財後旺丁丁理易詳此段泛言吉徵蓋運與令運星主六十年令星主二十年可以參觀年與月猶宜並論方曜貴配山配局更配層星乃佳間星必合山合局尤合方位乃吉木間得一白為生氣八白星臨而丁孫不育回頭剋八卦遇三碧為財宮六白戌亥年至而訟累不休故遇殺未可言殺須知殺化為權逢生

未可言生。猶恐生星受制。是殺旺須求生旺。造塔堆山。當于生方加意。而制殺不如化煞。鐘樓鼓角。宜下化處施工。此段詳言制化之法要之在方論方。原有星宮生剋之辨。復參以山之死生。層之退煞。局之旺衰。而方隅之得失始見。就間論間。原有圖書配合之殊。復參以山之父子。局之財官。層之恩難。而間星之制化聿彰。此段統論局方層間之而是知論星以年論。論間以通審其氣衰氣旺。暗數其或吉或凶。如八卦乾卦屬金。九星二黑為土。此黑星出層之首。入三層則木來剋土而財少。入兌局則星列生宮。而人興。更逢九紫入木土之元。斯爲得運向而財併茂且主功名如河圖四間屬金洛書四綠屬木此辰剋書之局入兌方則文昌破體而出孤入坤局則土重埋金而出寡若以一層入坎震之鄉始爲得氣而魁甲聯芳亦增人口（此段推論理數之用）局爲體山爲用山爲體運爲用體用一元天地同流而山爲君層爲臣層爲君間爲臣君臣合德鬼神咸驚局雖交運而八宮六事亦懼廉貞戊己頹陵山雖逢元而死地退方猶恐巡羅（太歲泊宮名巡羅）天罡遂見盤吉凶原由星判而爲降替實由運分局運與星運敗以局爲憑山運敗局運興以局爲斷發明星運之用啟

迪後來之賢。苟費精思。自徵妙用。此段言疊凶殺及星運作資束

河圖一六水生旺。爲文秀。爲[illegible]藝。爲榜首。爲聰明。剋煞爲

淫佚。爲寡婦。爲溺水。爲漂蕩。二七火生旺。爲横財。爲巨富。

爲多如。剋煞爲吐血。爲墮胎、産難。爲夭亡横禍。三八木、生

旺。爲文才。爲魁元。爲多男。剋煞爲少亡。爲自縊。爲絕嗣。四

九金生旺、爲巨富。爲多男。爲忠義。剋煞爲刀兵。爲自縊。爲

孤伶。五十土生旺。爲驟發。爲多子。剋煞爲瘟癀。爲孤孀。爲

喪亡。此曆數之大畧也。五行喜臨開。喜水金木。忌火土。以火

土與廢靡常。不耐久長。故也。

洛書一白水爲中男爲魁首文章之府生旺少年科甲名播四海多生男子聰明智慧剋煞刑妻瞎眼天亡飄蕩二黑土生旺發田財旺人丁不產文士止應武貴妻奪夫權陰謀鄙吝剋煞寡母相傳產難刑耗腹疾惡瘡三碧木爲長男生旺財祿豐盈興家創業貢監成名長房大旺剋煞瘋魔哮病殘疾刑妻是非官訟四綠木爲長女爲文昌生旺文章名世科甲聯芳女人容貌端妍聯姻貴族剋煞瘋哮自縊婦女淫亂男子飄流酒色破家漸至絕滅五黃土爲戊己煞不論生剋俱以宜安靜不宜動作年神並臨即

損人丁。輕則災病。重則速喪。五數而止。主季子昏迷、瘋呆。
孟仲官訟淫亂。六白金爲老陽。生旺、威權震世。武職勳貴。
巨富多丁。剋煞、刑妻孤獨。寡母守家。七赤金爲少女。生旺、
發財旺丁。武途仕宦。小房發福。剋煞、盜賊離鄉。投軍橫死。
牢獄口舌。火災損丁。八白土、爲少男。生旺、孝義忠良。富貴
綿遠。小房福澤。剋煞小口損傷。瘟瘴膨脹。九紫火爲中女。
生旺、文章科第。聯登榮顯。中房受蔭。易興易廢。剋煞、吐血
瘋顛。目疾產死。回祿官災。

地理元合會通卷之七

益陽姚諄敎舸丞譔　元愷智泉
甯鄉楊堃方城棐　受業族敎忠楚堂校
江清學臣　孫振鸞篠山

陽宅總論

陽宅山谷城市不同。山谷以巒頭爲主。而後宅法。城市以宅法爲主。而後巒頭。山谷我所獨也。城市人所同也。山谷以來龍定。城市以街中定。陽宅斷云。前低後高。世出英豪。前窄後寬。得祿陞官。此要法也。凡宅先看出外第一層之大門次看主房門主房無定位屋脊高大者卽是廚竈乃養生之所尤宜與門主相生須得門生主主生竈更合宅主之生命福元爲大吉男女正配爲延年男女相生爲天醫生氣相剋者剋陰損女剋陽損男宅有靜動變化四法以一二層者爲靜宅看靜宅于天井正中下十字線將羅盤放于正中線上定準屋向在某字屬某宮門在某字屬某宮竈在某字屬某宮直斷吉凶萬無一錯動宅至五層而止故番星止用正五行如巨門生武曲武曲生文曲文曲生貪狼貪狼生廉貞廉貞生巨門之類六層至十層爲

變宅。十一層至十五層爲化宅。番星宜用雙變金雙木雙土。屋六層祇雙一層。七層雙兩層。八層雙三層。惟木土金三者雙之。而水火獨單數。葢因八卦中木土金三者。皆有陰陽之分。而水火無二。故番星亦依之。凡看動變化宅。先在大門內二門外院之正中下羅盤。看大門在某宮某字。或屬東四宅。或屬西四宅。則門即定矣。再至高大房院之正中。下羅盤。用線牽至高大房門之正中。看在某宮某字。係某宅。宅主即定矣。又于廚房院中下羅經。看竈房門在某宮某字。或係東四竈。或係西四竈。則竈即定矣。然後將門主竈三者看其相生相剋以定吉凶三者平重衙署署重廚竈原其以祿爲主也若廚房有小院漏天者卽下羅盤若廚房前後有兩門卽下兩羅盤各院佈各院之八卦分開看又合攏看總宜安生氣天醫延年三吉方最凶者五鬼方如坎宅離門主上五鬼在艮宮門上五鬼在兌宮是也其次六煞方動宅番星從大門上起游年順數至主房看得何星卽依是星從門上相生而進若門偏一邊如兌主艮門卽從艮上起遊年到震宮是六煞頭層墻卽算六煞水星二層生氣木依次生進

凡屋大門。如人之有口。自應正大當中。不合方位亦吉。但砂水衝射。破碎有煞。亦宜避之。宜築垣墻遮蔽。另起門樓。須擇來龍方。或來水方。謂之生旺進氣、極吉。若朝對明淨。不犯黃泉八煞。參用輔星挨星八宅周書。門樓經。自無不利。又作欂門。步數宜單不宜雙。自一步三步五步七步至十三步吉。每計四尺五寸爲一步。自滴水簷前量起。至立門處止。得單步、自合公輸尺上吉星。更參合紫白尺。竹篾尺。元女尺。子房尺尤妙。至玉韗經。天機木星。不足信也。

袁天罡門樓經

一質庫二絕體三橫材四刑獄五四禁六進田七食邑八五龍九稱斗十欠債十一飯籮十二大耗起例訣乾亥壬子癸丑山逢蛇便起端艮寅甲山猴作路卯乙辰巽犬同看巳丙午山猪放處坤申庚酉虎頭關丁未辛戌龍首是順行十二走天干如艮寅甲山申上起質庫酉上絕體順排以質庫、橫財、進田、食邑、五龍、飯籮、六方門路吉宜走天干不宜地支

公輸尺式

○財・病・離○義○官・刼・害○本

尺只八寸、每寸比曲尺有一寸八分、八寸該曲尺一尺四

寸四分

元女尺式竹冠尺同

貴人	●天災	●天禍	○六財	○官祿	●孤獨	●天敗	○輔弼

以今木匠曲尺八寸七分、分為八節、每節為一寸、每寸合

曲尺一寸零八厘七毫五絲、

曲尺式即紫白尺

○一白	●二黑	●三碧	回四綠	●五黃	○六白	●七赤	○八白	○九紫	○一白

右尺十寸、每寸十分、今之木匠尺也、若造門、須揆合公輸

尺上吉星、如單門二尺一寸、壓一白、公輸尺合在義上、一

尺八寸、壓八白、公輸尺合在官上病、雙門四尺四寸、壓四綠、

合公輸尺本上財、四尺三寸八分合財上、廣五尺六寸六分

壓一白六白俱合財字上吉更能參合元女尺子房尺尤佳

子房尺式

○水星●孛●計○土○炁○木○羅○火○金

右尺以今曲尺八寸七分爲之分九節每節合曲尺九分六釐六毫零○以上五家尺式量法俱從上至下從左至右進退加減併合吉星爲妙

竈位宜坐殺向生坐凶向吉作竈陽年向西陰年向南吉○向東亥吉惟向北凶宜向天干不宜向地支取土宜天月德月財方竈貴幽闇忌門窗冲射竈口尤忌

門與竈須男女相配如坤門配乾竈爲地天泰乾門配坤竈爲天地否坎門配巽竈爲水風井巽門配坎竈爲風水渙震門離竈爲豐離門震竈爲噬嗑震門巽竈爲恒巽門震竈爲益艮門兌竈爲損兌門艮竈爲咸上十竈全吉既濟未濟雜大有夬履謙遯與家人屯剝賁臨解鼎萃坎離艮兌震乾坤上二十二竈吉凶相半餘二十二竈大凶

竈長七尺九寸上象北斗下應九州廣四尺象四時高三尺象三才竈口濶六寸按六合高一尺二寸象十二時安兩釜象日月突高八寸象八風

凡八家小兒難養。久病不愈。婚姻不遂。宜安天醫竈。再合宅主命宮天醫方安牀。安竈口。大吉。功名不利。家中貧苦。宜安生氣竈。以大門定生氣。外生內。更准更速。男女壽短。安延年竈。必壽而富。安大門之延年方。主之天醫。力極准。凡家不利。須將舊竈灰土。傾之于河濱路口。並棄原竈之鐵器。另取新磚。于門主之天生延三方作竈。若與主命不合。卽將竈口向主命之吉方安之。亦吉。但不如坎離震巽命門牀竈。俱在坎離震巽。乾坤艮兌命門牀竈。俱在乾坤艮兌之爲全吉也。

倉宜甲丙庚壬四向。要逆朝來水。坐虛向實。不宜坐屋後。不可與屋同向。倉前放水。不可流破財祿方。甲向祿在寅。財在辰。丙向祿在巳。財在未。庚向祿在申。財在戌。壬向祿在亥。財在丑。來吉去凶。倉門宜高六尺零八寸二分。濶宜二尺零四寸二分。高低廣狹。俱宜按紫白尺之二黑星。則凡不使作倉之時。忌嚼諸物。及銜墨斗錢于口。忌著草鞋入內。合此自吉。碓碾宜青龍方。本山生旺祿位。忌白虎方。碓頭宜向外。

穿井在本山生旺之位。流泉則大。再合來龍更吉。乾甲山

屬金生巳旺酉東西龍巳酉吉南北龍巳吉酉凶坤乙山
屬土生申旺子東西龍申子吉南北龍申吉子凶艮丙山
屬土生申旺子東龍申子井進橫財西龍申吉子凶南北
龍子吉申凶巽辛山屬木生亥旺卯西龍亥卯井吉南龍
亥吉卯少亡東北龍卯吉震庚亥未山屬木生亥旺卯東
南龍卯吉亥凶西北龍亥吉卯凶離壬寅戌山屬火生寅
旺午東龍十二步寅吉午平西龍十八步午吉寅凶南龍
午吉寅凶北龍寅吉以上十六山俱八九尺中有泉坎癸
申辰山屬水生申旺子東龍申子辰俱吉西龍申吉子凶

南龍丁最吉北龍辰丑主進橫財兌丁巳丑山屬金生巳旺酉東龍巳酉吉酉龍酉最吉南龍巳酉俱不吉北龍辰井有橫財艮寅甲卯乙辰係東龍坤申庚酉辛戌係西龍巽巳丙午丁未係南龍乾亥壬子癸丑係北龍

郭景純金鑑圖歌訣

一德宜養馬三合豬位強牛屋奇羅妙紫炁好安羊貪狼雞鴨盛太陽通用艮刀兵等凶位六畜定遭殃

乾巽坎離並所納卦十二山壬丙貪狼子午太陽吉可安乙辛紫炁坤艮奇羅皆吉位甲庚刀兵卯酉刀砧實難堪丁癸財狼居不得乾

巽虎豹實爲艱。坤艮震兌（並納卦）所十二位。甲庚卯酉吉星會。乾巽奇羅吉可君。紫炁吉星屬丁癸。壬丙（刃兵）子午（刀砌）凶莫言。乙辛（豺狼）坤艮（虎豹）凶宜避。寅申（狐狸）巳亥（血刃）並皆凶。辰戌（一德）丑未（三台）並皆貴。

用赤道新尺躔到生旺砂方更準

天井放水歌訣

決溝折放有真機，須向天干忌四隅。十二支神君莫犯，陽山依舊折陽渠。陰龍仍折陰干水，莫向陽干說是非。若是脫龍並就局，陰陽順配勿猜疑。

天井放水在甲庚丙壬乙辛丁癸吉，切忌支上放出。若寅申巳亥名爲四隅大凶。若天井有前後須用小元空法出小神入中神，中神入大神，曲折轉出決見前。

衙署大堂地基宜高。兩旁開門。名四獸張口。多出命案。兩頭不宜有小房。儀門內暖閣邊。不宜立碑。右主口舌。後堂大房外。不宜修一間小屋。在中爲披髮。房主天。兩邊爲燕尾房。主淫。邊有邊無。爲單肘房。主小人暗算。大堂前有碑對吉。名左右執笏。吉。照墻及兩邊。均宜高大。更鼓樓宜巳亥方。不可安辰戌丑未方。城隍宜井鬼方。辰戌子午方。監獄宜安七赤方。坐西向東吉。監內東房廣大。西房低小。主犯人順利。

家居不可用子午正向。祠堂宜建三吉六秀方。文筆書房。

宜建本山官祿方。乾甲山辛為官。坤乙山庚為官。坎癸申辰山戌為官。艮丙山癸為官。巽辛山丙為官。兌丁巳丑山壬為官。離壬寅戌山巳為官。震庚亥未山丁為官。甲山祿到寅。巳為文昌方。乙山祿到卯。子為文昌方。俱可。又巽辛為天乙貴人。甲乙掌圖書亦吉。廁所安吉方多病。宜安五鬼六絕方。甲丙庚壬。乙辛丁癸。辰戌丑未方。亦可。

重刻元合會通卷之八

益陽歲貢生姚炳奎著
男候補守府明亮參
孫五品銜振鑾校

洪範大五行說

甲寅辰巽大江水戌坎辛申水一同艮震巳山原屬木離壬丙乙火爲宗兌丁乾亥金生處丑癸坤庚未土中此洪範五行也晉趙載註郭氏元經山家五行篇不用正五行而用洪範可見相傳已久謂始于唐一行師者妄也元無

者太乙著紫白賦原本連山洪範論以洛書方位生成奇耦之數定五行而分吉凶亦皆引而不發葉氏泰謂爲先天之氣其註亦多支離惟協紀辨之甚精其說曰葬藏于土而土氣之生死在水故論正五行止有水土二行其金山火山木山云者皆言其形似而非眞也故洪範五行水居八而土居五爲數獨多坎水離火兌金震木乾金坤土不變其餘皆變然亦各從其方位實有之五行而抉其隱元之義要亦不得謂之變也艮統丑寅其方爲木之始氣故爲木巽統辰巳其方爲水之尾閭故爲水然艮方木土

也巽方本木也故丑爲土而巳爲木震統甲乙兌統庚辛木金之全局也震爲木木之爲行也其滋膏皆水而上氣皆火也是故始于水而終于火其始必由雨露之澤焉其終往往出火以自焚故甲水而乙火也水者震之所以爲龍也火者震之所以爲雷也兌爲金金之爲行也水土之所際山水土相比久而成石石乃生金金生而泉發是故始于土而終于水其始必土其終必水故庚爲土而辛爲水其土也兌之所以爲剛鹵也其水也兌之所以爲澤也坎統壬癸離統丙丁水火之全局也坎爲水四獸北方有

兩龜爲水而蛇爲火是以壬納于離水又比于土地中之水離地即失其性癸地中之水也故壬爲火而癸爲土離爲火火能成金無火則金終埋于土是以丁爲庚夫而兑納丁丙者日也八干之中唯丙當與乾坤同例故丙爲火而丁爲金日月與乾坤同而專言日者辛爲月月爲水辛固水也若夫寅之爲水則以地不滿東南自析木之津以達于巽之地皆積水之區所爲尾閭洩之不知何時已者也故寅甲辰巽皆水也若夫亥之爲金也則以天不滿西北自少昊之墟以至于亥之天門皆積山之區山者石

而在者金故兌乾亥皆金也金精聚于西北而水盛于東南
傳爲百川之朝宗而河爲之源焉祭川所以先河後海也
河源出于崑崙戌位也故戌爲水也史記天官書曰雲漢
者其本水河圖括地象曰河精爲天漢唐書天文志曰北
斗自乾攜巽爲天綱雲漢自坤抵艮爲地紀然則寅申者
水之終始也故寅爲水而申亦水也要而論之皆幽元之
義實有之理而非或變或不變任人造作者也又儲泳袪
疑說曰夫五臟皆一而腎獨有二左爲腎而藏精右爲命
而藏氣神依氣立故曰神門配壬子之水是以人之精聚

者、必左離。氣敗者必右癒。兩腎各有所主。故其病各有所歸。壬子一位也。子屬水而壬屬火。左腎配子。右腎配壬。子水爲精。壬火爲神。五臟猶五行也。六腑猶六神也。甲乙配青龍。丙丁配朱雀。庚辛配白虎。壬癸配元武。戊配勾陳。巳配螣蛇。蓋坎水納戊。離火納己。故五行而有六神。猶五臟而有六腑。壬火丁水之說。近取諸身。理尤明甚。

鐸長老洪範五行砂法

凡建立邦國郡縣。及大地墳宅。以洪範察其到頭之五行。從四長生位。起二十八將。內十七將。長生位爲時送。外二

十一將長生位爲金匱內將就內一層
外合三重向隴惟內將天刦地刦刑刦地戶外將白虎直
武爲不吉欲砂平遠低下與衆山相等不可獨高餘以山
勢高聳重疊朝揖有情者爲子孫忠孝帶薄低陷高險射
壓者不足也若水破其方如傳送主破財各以類應內惟
地戶方宜水破餘以相聯不斷爲佳如杭城坤申水土龍
西辛方爲文曲艮寅方爲廉貞其方係平山平山面向東
北反背杭城在內從官國主宰相之職傳伯通斷五文曲
多山俗尚虛浮廉貞婦主大臣持柄其後果出秦檜賈似

道藏其用七曜訣云大墓屬破軍絕胎係祿存養生貪狼位沐浴冠帶文武曲臨官旺逢衰是巨門廉貞兼病死七曜一齊分

內十七將木局定位

傳送亥伏尸子小墓丑穀將艮始生甲天倉辰天柱巽功曹巳官國丙冠帶午大墓未勾陳坤沐浴庚天刦酉刑刦辛地刦戌地戶乾

內將火局定位

傳送寅伏尸卯小墓辰穀將巽始生丙天倉未天柱坤功

貴申官國庚冠帶酉大墓戌勾陳乾沐浴壬天刦子刑刦
癸地刦丑地戶艮
內將金局定位
傳送巳伏尸午小墓未穀將坤始生庚天倉戌天柱乾功
傳亥官國壬冠帶子大墓丑勾陳艮沐浴甲天刦卯刑刦
乙地刦辰地戶巽
內將水土局定位
傳送申伏尸酉小墓戌穀將乾始生壬天倉丑天柱艮功
貴寅官國甲冠帶卯大墓辰勾陳巽沐浴丙天刦午刑刦

丁地刦未地戶坤

外二十一將木局定位

金匱亥務山子大德子生氣子了戾丑殺山丑玉堂丑青

龍卯陽氣卯朱雀巽天門巽鈎鎖丙司命午死氣午行廊

未印山未白虎酉陰氣酉天牢戌眞武乾華蓋乾

外將火局定位

金匱寅務山卯大德卯生氣卯了戾辰殺山辰玉堂辰青

龍午陽氣午朱雀坤天門坤鈎鎖庚司命酉死氣酉行廊

戌印山戌白虎子陰氣子天牢丑眞武艮華蓋艮

外將金局定位

金匱巳笏山午大德午生氣午了戾未殺山未玉堂未青龍酉陽氣酉朱雀乾天門乾鈎鎖壬司命丁死氣子行廊丑印山丑白虎卯陰氣卯天牢辰貞武巽華蓋巽

外將水土局定位

金匱申笏山酉大德酉生氣酉了戾戌殺山戌玉堂戌青龍子陽氣子朱雀艮天門艮鈎鎖卯司命卯死氣卯行廊辰印山辰白虎午陰氣午天牢未貞武坤華蓋坤

生方曰傳送。主丁財。病方曰官國。主官貴。冠前卦曰穀將。

主倉庫。哀前之位爲天柱。主壽命。墓前之位曰勾陳。主子
孫忠孝。絕胎二宮曰宗廟。水出此則貴矣。公云。太乙宮中。
二水并歸元洞。此累世公侯之地。太乙即絕位也。天柱、穀
將、勾陳、地戶、皆在四維。催官篇曰。催官之砂維四方。雲霄
屹立官爵强。玉尺曰。天柱發四維之氣。功名唾手可成。皆
得洪範之妙用也。又伏尸主六畜蠶絲奴婢小兒。小墓主
容貌。始生、主人丁。天倉、主身體。功曹主女財。大墓主墳財。
冠帶主耳目。沐浴主產業。天刧主盜賊。刑刧主刑獄。地刧
主刀兵自縊。地戶、主妖怪疾病。上四將。若山高逼射。刑傷

不兇金匱主外財在傳送外一重豹山主官職在伏尸外一重大德主文章科第在伏尸外二重生氣主人口在伏尸外三重了戾主婦女在小墓外一重吉則男得美婦女得賢婿綬山主印綬在小墓外二重玉堂主姻戚在小墓外三重青龍主音律此位無內將水破主口訟陽氣主男在青龍外一重朱雀主文詞讖辭在天柱外一重天門主信行在天柱外二重鈎鎖主攀援在官國外一重司命主技藝在冠帶外一重死氣主官廥在冠帶外二重行廊主增壽在大墓外一重印山主印綬在大墓外二重白虎主

威膺在天刦外一重陰氣主女命在天刦外二重天牢主
禮法在地刦外一重眞武主氣量在地戶外一重華蓋主
屋舍在地戶外二重白虎廹射名白虎啣尸主有橫刑眞
武廹射主有毒死華蓋以特起爲吉若連生氣金匱亦吉
連白虎陰氣主火灾陽氣陰氣山相等則室家和順若陽
淩陰陰淩陽主不睦

三元指迷賦

兩大瀰淪本生成于河洛一元闔闢參化機于陰陽金龍
起伏自余來正是一家之眞脈乾神生動開乾穴要在六

白之當時喜坎水以貼身須巽木以配對午宮發暉必生
不肖之兒兌位入離定主死亡之厄若艮土以混雜雖生
乾而實傷乎乾倘坤土以相生是先巽而後亦向巽誰謂
巽木爲乾金所損剋豈知乾金得震木而帮成離爲破軍
雖曰九紫之吉曜偏然不吉兌亦金宿卽云一時之旺辰
反爲不旺乾山單來一二節必主獨夫亥脈相隨兩三重
大發俊秀此乃乾時之令節抑亦巽源之對臨也破夫坎
龍北來離源南至怕乾艮之雜過處坤巽以兼加華益酉
重重出龍墀丁而亦忌鳳閣艮登發並龍樓乾而益榮第

恐天殺未兼天罡辰已非時中之局雖有將軍卯連玉印申猶是卦外之辰緬坎癸之騰騰入文旺盛溯離丁之滚滚富有倉箱得乾金以相生斯科甲之煥發此老陰老陽之對待眞得時失時之攸關也東北角上一條龍西南向中二宮水刼殺庚莫從外入玉葉亥毋許旁來帝座于排武曲巽之辰逢六白而登科有待贊盖坤臨破軍艮之位當七赤而發甲無疑倘得四水之交加應許百福之駢至地峯坤高聳狀元可期黑水坤獨朝巨富無比離火以皺格婦女居孀混庚金而過堂少男失配兎山迢迢無駁

巽震雖水洋洋可樂饑少陰少陽將軍得華蓋而并美且富且貴倉箱偕旋節而增輝愛九紫離于左肩八貿龍頭之屬老得八白艮于右畔壻登虎榜以成仙乾父齊來莫攜坎男并至兌兒兼八最怕巽女同情允矣上元之佳城卓哉天三之令宅龍來武曲巽休帶破軍之星穴朝文源乾母兼天殺未之水金箱寅偕帝輦午而拱照龍樓乾齊鳳閣艮而瀠洄九宮丙匆以七爲榮四綠時宜以六共濟一白非吉最忌連八白而入乾二黑爲凶尤嫌帶七赤而出戌此固中元之得半亦即上元之共長也老陽老陰坎

離乃六子之宗祖分天分地午子為八卦之樞機莫雜以巽坤水勿混于乾艮壺朝山之聳翠愛堂局之端嚴震巽若流坎宮雖過丑而無害子癸入于乾位即極盛而漸衰風入水水入風巽出坎坎出巽財名雙美地出雷雷出地坤出卯卯出坤富貴兩兼滾滾坎來當六白而愈顯科第源源坤至逢七赤而更發書香震乃八白之根由巽亦九紫之扼要若乃龍從坤入自應水要艮來三碧與一白齊飛斷定衰敗之莫救九紫兼七赤並到其美科第之堪誇山峯艮聳出雲端三元榜發水源坎獨作堂奧萬畝田盈勢必地脈之

清純豈但當年之令運吾見西山擺佈大起圓秀之星來水澄清長流曲折之澗此固少陽少陰之配對亦卽大丁大財之發皇也然而乾兌本是一家出亥而戌隨其出脈以立向震巽無分兩路自甲而乙仍憑發源以朝宗特恐山艮出雷震而不清必損聰明之子最要地坤得水坎以還照乃發成立之兒是知廢興關乎水情榮枯本于元運既得血脈之不爽自然發福之無休矣

雜卦水斷

坎亥女死丑男丁　艮癸淫賊甲貧窮　震巽丙破寅傷

婦。離來男亡巳女刑。坤雜庚窮丁貧賊。兌乾申女
破財人亡。
八卦之水。惟坎離坤艮。易犯夾雜。如坤向兌水去離。必病
目。七赤時離到坤有火災。離水去兌。主小兒傷唇。女人血
疾。艮向見坎震水。兄弟不睦。坎水去震。震水去坎。叔嫂搆
訟。坎向有乾艮水。父子兄弟不協。若乾艮水交合出坎室
家不順。主僕宣淫。離向有巽水。女傷而男貧。見坤水母女
俱厄。寡母起家。若坤巽並出離宮。則中女寡居。長女與老
母並受中女之害。姑媳詬誶。男人損目之禍。

先天八卦斷

乾居後天之南。而爲老陽。故乾旺時。而離門可開。坤居後天之北。而爲老陰。故坤旺時。而坎門可開。乾坤生六子。列于父母之旁。因先天之定位。亦即先天之定數也。斷法須看後天形勢。合先天數以斷之。

乾爲首。即後天之離。離上有河口反弓。七丫八叉。墩埠破碎閉塞。主出僧道。打造金銀染作工匠。及禿髮頭風目疾癀痛瘴胎產難。如有拖刀形。主因淫邪斬首。在午位爲老父偏丙爲男。偏丁爲婦。失令之時。即見淫佚敗絕。此離方之斷也。
兌爲口。卽後天之巽。巽方砂水員秀開面。主出文人學士。否則主口病齒痛。或大舌。或口乞。或豁嘴。或喑啞。隨其形象斷之。中巽位爲少女。偏巳爲男。偏辰爲婦。得令之時。砂水尖射。主出尖嘴尖臉。好說是非。或出師巫。若破碎似卧倒之狀者。主羊頭瘋。似斷折之狀者。主肢體毀折。失令之時。則直斷其出盜賊而致死。若反逆鉤抱者。主作賊斬絞自縊。大約乾坤艮巽四卦。與寅申巳亥之河浜鉤絞者。俱主投環縊死。辰戌丑未之河浜鉤絞者。俱主作賊絞罪。逆反弓者。俱主作賊砍頭。此巽方之斷也。
離爲目。即後天之震。震方有浜口、箭射砂腳、反弓、墩埠、破碎。主眼疾、氣滿、龜背、駝腰、淫慾、墮胎。且主孿童。如有遠水在失令方之外洋等處。飄飄渺渺。若浮若沉。主出短視。女人淫奔。隨其形象斷之。在卯位爲中女。偏甲爲男。偏乙爲女。得令之時。只斷其目疾而已。此震方之斷也。
震爲足。即後天之艮。艮方有墩埠、河汊、丫叉、射穴者。主折腳風癱。不能行走。如有砂及小浜直冲而來。又復反弓而去。主兩足反生。隨其形象斷之。在艮位爲長男。偏丑爲婦。

偏寅爲男。得令之時。只主腳疾。失令則直斷其因腳疾致死。且出倖童。以震爲龍爲大塗也。此艮方之斷也。

巽爲股。即後天之坤。坤方有砂腳浜口如箭冲射。主失股癰瘓。或生惡毒。水港道路如繩索。主出木匠工從。墩埠破碎。主出死子。若塡塞水口。俾水飄渺隱約。主出白眼瀾頹。如有糞窖牛池汚穢。主出狐腋臭、并口臭之屬。隨其形象而斷。在坤位爲中女。偏申爲男。偏未爲婦。失令之時。直斷其因股疾致死。且出雜姦下賤。此坤方之斷也。

坎爲耳。即後天之兌。兌方墩埠閉塞。河汊丫叉。砂腳破碎尖利沖射者。主耳痛、耳缺、耳聾、或吐血、心病、及豬頭瘋等症。並出盜賊。坎為耳。為溝瀆。隨其形象而斷。在酉位為中男。左庚男。右辛女。失令之時。直斷其淫慾下賤。因血病耳病致死。並產難溺水盜賊。此兌方之斷也。

艮為手。即後天之乾。乾方有河口反弓、砂腳墩埠、丫叉沖射。主有手病。或折手癱手。或缺指多指。得令之時。雖巨富顯貴。亦出駢指折肱之人。失令則出鼠竊狗偷等登高手。若有類于縲索者。主殺罪自縊等事。隨其形象而斷在乾位為少男。偏亥為男。偏戌為婦。此乾方之斷也。

坤爲腹。即後天之坎。坎方有砂水尖利直射反弓。主腹疾心痛蠱脹血崩墮胎產難等事。隨其形象而斷。在子位爲老母。偏癸爲婦。偏壬爲男。得令之時。只斷腹疾且出熔爐造冶之人。失令之時。直斷其淫邪下賤。此坎方之斷也。

以上先天後天相見形狀斷法。陰宅則自穴上看其四面。陽宅則內外門路房間同斷。

易卦取象歌

豫取重門司擊柝。取諸大過爲棺槨。宮室大壯弧矢睽。網罟離兮市噬嗑。舟楫渙兮車馬隨。利取益兮耒耜斷。乾坤

衣裳丸書契杵臼之與屬小過

乾象

乾健君父首天圜金玉寒冰大赤兼瘠駁老良四馬具木果龍直衣與言又爲郊爲帶爲旋爲知爲富爲大爲頂爲戎爲武

坎象

坎豕溝瀆耳弓輪隱伏矯輮加憂人心病耳痛血卦赤爲輿多眚盜月通爲曳爲陷馬美脊薄蹄下首與亟心桎梏蒺藜狐叢棘木堅多心棘律宮又爲矢爲五爲沫爲泥塗爲孕爲酒爲臀爲淫爲洞

艮象

艮男閽寺鼻指手狐鼠黔喙虎與狗山徑小石門闕通果蓏多節木形醜。又爲牀爲握爲終爲宅爲廬爲邱爲篤爲章爲尾

震象

震動足車元黃龍大塗決躁稼反生長子竹萑蕃鮮健畀足的顙馬善鳴。又爲玉爲鵠爲鼓爲靑爲升躋爲奮爲官園爲春耕爲筐爲老爲東

巽象

巽女雞股繩直類。工白長高入進退寡髮廣顙白眼多不果臭躁市三倍。又爲楊爲鸛爲魚爲浚爲草茅爲宮人爲老婦爲命爲四

離象

離女目火曰麗電甲胄兵戈大腹見魚鱉蟹蚌雉牝牛爲科上槁木形變又爲鳥爲王爲苦爲朱爲三爲焚爲泣爲歌爲號爲墉爲城爲南爲不育爲害

坤象

坤腹母裳布帛囊子母牛兮地黑黃吝嗇均順文衆柄大輿牝迷方釜漿又爲末爲小爲能爲明爲戶爲戟

兌象

兌少女兮巫口舌地屬剛鹵羊與妾毁折附決輔頰常艮止兌說本爲澤又爲笑爲五爲食爲跛爲眇爲西爲譽爲鶴

同治新曆二十八宿量天尺過宮度數

虛八危室亥上行　室八壁奎八戌宮　奎十婁胃昴二一
酉　昴畢觜參皆八申　未參八分井廿六　井鬼柳星
午上存　星五張翼巳宮是　翼八軫角是辰星　角八
亢氐原屬卯　氐十六房心尾寅　丑在箕一斗廿一
斗牛女虛子上終

范名廷二十八封歌訣

乾卯亥乙與壬申子巳癸巳坎　辰艮丁寅未甲上丙卯
丁乙甲辰未壽巽癸巳酉丙辛上午酉　丁寅未癸輪坤乙
申癸庚是午酉寅辛丑戌丑凶

砂法公位

宮位一男都管定兩房左六長房承前後右邊皆屬小此處偏枯大不勻此四位長六位次十八位三子左長右二定朝坐皆歸仲一八長三各六位仲十二位六子都依何次序左邊孟後四前程六在右前三右後二分朝案五主星一四三六各得三位二五各六位如子午向艮寅甲爲內青龍屬長卯乙辰爲外青龍屬四乾戌辛是內白虎二管酉庚申是外白虎六管左空絕長右絕右朝坐空曠二一五零如龍全曠朝偏左長四吊來作龍星朝山空遠龍邊案次男亦吊作朝屏三六二五相吊法依茲變撥莫呆論

水法公位

水法一男專管向兩房長右次左分三房都又依何序孟

白仲青季向存會見青龍砂甚好右邊惡水長凋零剋由

與坐砂非妙長絕原該仲吊承

放水公位

八干四維流皆吉若放支辰作卽凶乾坤艮巽須發長寅

申巳亥長傷仃甲庚丙壬中男發子午卯酉中男殺乙辛

丁癸少男强辰戌丑未少男殃

凹風斷

乾乘凹射主離鄉坎上吹噓水路亡艮上虎狼兼鬼魅震奴欺主任飛颺巽風口舌兼疾病離凹風來回祿殃坤風飄露主絕嗣兌遭瘟疫又兵傷

白蟻斷

乾坤艮巽四山岡切忌辰戌丑未方辰戌丑未四坐山切忌甲庚壬丙間甲庚壬丙四山龍切忌午子卯酉中子午卯酉四山扦切忌乾坤艮巽邊寅申巳亥四山基乙辛丁癸最不宜乙辛丁癸四山堂寅申巳亥忌相當風水路塼俱有得定招白蟻入家房

何知人家有白蟻只因落水不通情乾甲二山嫌丑巳又
妨積水在兌丁坤乙二山嫌艮丙艮丙又妨坤乙侵巽辛
二山何所忌水嫌坎癸及申辰兌丁巳丑四山上最怕乾
甲水來停震庚亥未山頭忌離壬寅戌莫相親離壬寅戌
對宮是坎癸申辰嫌巽辛
四生山 震庚亥未水有关

治白蟻法

凡治蟻先看蟻身形色以辨風水缺陷如放水失度其蟻
色白腹大自內食至外自下食至上放過吉水自除溝水
失宵或阻塞不通其蟻身長嘴硬亦自內而外自下而上

即于溝水或開或塡以除之若因傾倒墻垣起折旁屋發叫風吹刮其蟻必黑自上而下自外而內須加減墻屋栽植樹木以除之又或因塘窟積水在子午卯酉等方遠遠照破名曰曜水其蟻身白嘴黄有翼腹下有一暈亦自上食下自外食內每食樓房箱籠衣服等物多從五月飛出須于二三月水滿時用羅盤格淸惡處塡改之即除又有因當日修造犯火羅而生者其蟻屬火背紅宜取火羅死絕之日水星得令之時及受死月煞閉除酉亥暗金伏斷一白到方等日用木匠曲尺在白蟻處量至四尺九寸即

止將斧頭在此處打門十九下大發喝聲衆皆齊應如起屋狀陰宅在寅位上取土遂及他處法如前即此時師或于冬月蟻歸土時尋蟻路取之每至數桶之多然治未除根終當復起非法也

止鬼祟盜賊法

乾爲天門坤爲地戶巽爲人門艮爲鬼路甲爲陽門庚爲賊路丙爲端門壬爲後路凡患祟者或艮方修造不時門路陰暗風吹水刦患盜者或庚方修造不時門路陰暗風吹水刦須擇太陽火星貴人三奇紫白斗柄建方本山生

旺年月及天狗日滿口修之即止

納甲說

焦氏循曰納甲之法始見于京房易傳其以六卦直月候明魄死生陰陽消息與先天圖有相似如魏伯陽參同契中所陳即其說也參同契曰三日出爲爽震庚受西方八日兌受丁上弦平如繩十五乾體就盛滿甲東方七八道已訖屈折低下降十六轉就統巽辛見平明艮直子丙南下弦二十三坤乙三十日東北喪其朋節盡相禪與繼體復生龍壬癸配甲乙乾坤括始終朱子以爲即先天之傳

孔子之後諸儒失之而方外之流密相付授以爲丹竈之術耳按其說以月三日生明始受一陽之光有震象昏時見于庚方故震納庚八日上弦受二陽之光有兌象昏時見于丁方故兌納丁十五望日全受日光有乾象昏時見于甲方故乾納甲十六日始受一陰有巽象平旦沒于辛方故巽納辛二十三日下弦受二陰有艮象平旦沒于丙方故艮納丙三十日晦于乙方有坤象故坤納乙坎戊爲月精離己爲日光壬癸納甲乙爲乾坤始終所謂以日月爲易也又火珠林卜法乾在內卦則爲甲而納子寅辰如

初九爲甲子。九二爲甲寅。九三爲甲辰也。在外卦則爲壬。而納午申戌。如九四爲壬午。九五爲壬申。上九爲壬戌也。凡坤在内卦則爲乙。而納未巳卯。如初六爲乙未。六二爲乙巳。六三爲乙卯也。在外卦則爲癸。而納丑亥酉。如六四爲癸丑。六五爲癸亥。上六爲癸酉也。因乾坤各納兩干。故則爲内外二卦。若震止納庚。則初九爲庚子。六二爲庚寅。六三爲庚辰。九四爲庚午。六五爲庚申。上六爲庚戌。巽止納辛。則初六爲辛丑。九二爲辛亥。九三爲辛酉。六四爲辛未。九五爲辛巳。上九爲辛卯。坎離艮兌四卦。依震巽例推之惠氏棟入卦之數圖謂三十日日月會于壬滅藏于癸故離納壬坎納癸虞氏注易繫辭云晦夕旦朔坎象流戊故坎納戊日中則離離象就己故離納己戊己位土象見于中日月相推而明生焉故懸象著明莫大乎日月

納音說

沈括曰六十甲子有納音蓋六十律旋相爲宮法也一律含五音十二律納六十音也瑞桂堂暇錄曰六十納音以金木水火土之音而明之也一六爲水二七爲火三八爲木四九爲金五十爲土然五行之中惟金木有自然之音

水火土必相假而後成音。蓋水假土，火假水，土假火，故金音四九，木音三八，水音五十，火音一六，土音二七。此不易之論也。何以言之？甲己子午九也，乙庚丑未八也，丙辛寅申七也，丁壬卯酉六也，戊癸辰戌五也，巳亥四也。甲子乙丑其數三十有四，四者金之音也，故曰金。戊辰己巳其數二十有三，三者木之音也，故曰木。庚午辛未其數三十有二，二者火也，土以火為音，故曰土。甲申乙酉其數三十，十者土也，水以土為音，故曰水。戊子己丑其數三十有一，一者水也，火以水為音，故曰火。六十甲子莫不皆然。按揚雄太元經曰子午之數九丑未八寅申七卯酉六辰戌五巳亥四故律四十二呂三十六並律呂之數或還或否凡七十有八黃鍾之數立焉其以爲度也皆生黃鍾又曰甲己之數九乙庚八丙辛七丁壬六戊癸五聲生于日律生于辰聲以情質律以和聲聲律相協而八音生歷代以來宗之謂之先天之學

朱子曰樂聲是土金木火水洪範是水火木金土蓋納音者以干支分配于五音而本音所生之五行即爲其干支所納之音也初一宮商角徵羽納甲丙戊庚壬係以五行

而隨以五丑宮得甲子商得丙子角得戊子徵得庚子羽得壬子宮爲土土生金故甲子乙丑納音金商爲金金生水故丙子丁丑納音水角爲木木生火故戊子己丑納音火徵爲火火生土故庚子辛丑納音土羽爲水水生木故壬子癸丑納音木次二商角徵羽宮納甲丙戊庚壬係以五寅而隨以五卯商金得甲寅乙卯納音水角木得丙寅丁卯納音火徵火得戊寅己卯納音土羽水得庚寅辛卯納音木宮土得壬寅癸卯納音金次三角徵羽宮商納甲丙戊庚壬係以五辰而隨以五巳角木得甲辰乙巳納音

火。徵火得丙辰丁巳納音土。羽水得戊辰己巳納音木。宮土得庚辰辛巳納音金。商金得壬辰癸巳納音木。以上六用。得其半。納音小成。次四復以宮商角徵羽。納甲丙戊庚壬。係以五午。而隨以五未。宮土得甲午乙未納音金。商金得丙午丁未納音水。角木得戊午己未納音火。徵火得庚午辛未納音土。羽水得壬午癸未納音木。次五復以商角徵羽宮。納甲丙戊庚壬。係以五申。而隨以五酉。商金得甲申乙酉納音水。角木得丙申丁酉納音火。徵火得戊申己酉納音土。羽水得庚申辛酉納音木。宮土得壬申癸酉納

音金次六復以商徵羽宮商納甲丙戊庚壬以此成而
隨以五亥。角木得甲戌乙亥納音火。徵火得丙戌丁亥納土
音土。羽水得戊戌己亥納音木。宮土得庚戌辛亥納音金。
商金得壬戌癸亥納音水。於是六甲全而納音大成矣。陽
生于子。自甲子以至癸巳。陰生于午。自甲午以至癸亥。故
三十而復從宮起。宮君、商臣、角民、皆人道也。故皆可以為
首。徵事、羽物、皆人所用也。故不可以為首。是以三甲終而
復始于宮。宮于為天。支為地。音為人。三才之五行備矣。
陶宗儀曰。甲子乙丑海中金者。子屬水。又為湖。又為水旺

之地兼金死于子墓于丑水旺而金死墓故曰海中金也丙寅丁卯爐中火者寅爲三陽卯爲四陽火既得地又得寅卯之木以生之此時天地開鑪萬物始生故曰鑪中火也戊辰己巳大林木者辰爲原野巳爲六陽木至六陽則枝榮葉茂以茂盛之木而在原野之間故曰大林木也庚午辛未路傍土者未中之木而生午位之旺火火旺則土焦未能育物猶路傍土若也故曰路傍土也壬申癸酉劍鋒金者申酉金之正位兼臨官申帝旺酉金既生旺則成剛剛則無踰于劍鋒故曰劍鋒金也甲戌乙亥山頭火

乾戌亥爲天門。火照天門。其光至高。故曰山頭火也。丙子丁丑澗下水者。水旺于子。衰于丑。旺而反衰。則不能爲江河。故曰澗下水也。戊寅己卯城頭土者。天干戊己屬土。寅爲艮山。土積而爲山。故曰城頭土也。庚辰辛巳白鑞金者。金養于辰。生于巳。形質初成。未能堅利。故曰白鑞金也。壬午癸未楊柳木者。木死於午。墓于未。木既死墓。雖得天干壬癸之水以生之。終是柔弱。故曰楊柳木也。甲申乙酉井泉水者。金臨官申。帝旺酉。金既生旺。則水由以生。然方生之際。力量未洪。故曰井泉水也。丙戌丁亥屋上土者。丙丁屬火戊亥爲天門火既炎上則土非在下而生故曰屋上土也戊子己丑霹靂火者丑屬土子屬水水居正位而納音乃火水中之火非龍神則無故曰霹靂火也庚寅辛卯松柏木者木臨官寅帝旺卯木既生旺則非柔弱之比故曰松柏木也壬辰癸巳長流水者辰爲水庫巳爲金長生之地金生則水性已存以庫水而逢生金則泉源終不竭故曰長流水也甲午乙未砂石金者午爲火旺之地火旺則金敗未爲火衰之地火衰則金冠帶敗而方冠帶未能盛滿故曰砂石金也丙申丁酉山下火者申爲地戶酉爲

日入之門。日至此時而藏光。故曰山下火也。戊戌己亥平地木者。戊為原野。亥為木生之地。夫木生于原野。則非一根一株之比。故曰平地木也。庚子辛丑壁上土。土者。丑雖土家正位。而子則水旺之地。土見水多則為泥也。故曰壁上土也。壬寅癸卯金箔金者。寅卯為木旺之地。木旺則金羸。又金絕于寅。胎于卯。金既無力。故曰金箔金也。甲辰乙巳覆燈火者。辰為食時。巳為禺中。日之將中。艷陽之勢。光于天下。故曰覆燈火也。丙午丁未天河水者。丙丁屬火。午為火旺之地。而納音乃水。水自火出。非銀漢不能有也。故曰天河水也戊申己酉大驛土者申爲坤坤爲地酉爲兌兌爲澤戊己之土加于坤澤之上非其他浮薄之土也故曰大驛土也庚戌辛亥釵釧金者金至戌而衰至亥而病金既衰病則誠柔也故曰釵釧金也壬子癸丑桑柘木者子屬水丑屬金水方生木金則伐之猶桑柘木也甲寅乙卯大溪水者寅爲東北維卯爲正東水流正東則其性順而川澗池沼俱合而歸故曰大溪水也丙辰丁巳沙中土者土庫辰絕巳而天干丙丁之火至辰冠巳臨官土既庫絕旺火復與生之故曰沙中土也戊午己未天上火者午

爲火旺之地。未中之木。又復生之。火性炎上。又逢生地。故
曰天上火也。庚申辛酉石榴木者。申爲七月。酉爲八月。此
時木則絕矣。惟石榴之木反結實。故曰石榴木也。壬戌癸
亥大海水者。水冠帶戌。臨官亥。水臨官冠帶。則力厚矣。兼
亥爲江。非他水之比。故曰大海水也。

心一堂術數古籍珍本叢刊　第一輯書目

占筮類			
1	擲地金聲搜精秘訣	心一堂編	沈氏研易樓藏稀見易占秘鈔本
2	卜易拆字秘傳百日通	心一堂編	
3	易占陽宅六十四卦秘斷	心一堂編	火珠林占陽宅風水秘鈔本
星命類			
4	斗數宣微	【民國】王裁珊	民初最重要斗數著述之一；未刪改本
5	斗數觀測錄	【民國】王裁珊	失傳民初斗數重要著作
6	《地星會源》《斗數綱要》合刊	心一堂編	失傳的第三種飛星斗數
7	《斗數秘鈔》《紫微斗數之捷徑》合刊	心一堂編	珍稀「紫微斗數」舊鈔秘本
8	斗數演例	心一堂編	
9	紫微斗數全書（清初刻原本）	題【宋】陳希夷	斗數全書本來面目；有別於錯誤極多的坊本
10－12	鐵板神數（清刻足本）——附秘鈔密碼表	題【宋】邵雍	無錯漏原版秘鈔密碼表　首次公開！
13－15	蠢子數纏度	題【宋】邵雍	蠢子數連密碼表打破數百年秘傳　首次公開！
16－19	皇極數	題【宋】邵雍	清鈔孤本附起例及完整密碼表研究神數必讀！
20－21	邵夫子先天神數	題【宋】邵雍	附手鈔密碼表研究神數必讀！
22	八刻分經定數（密碼表）	題【宋】邵雍	皇極數另一版本；附手鈔密碼表
23	新命理探原	【民國】袁樹珊	子平命理必讀教科書！
24－25	袁氏命譜	【民國】袁樹珊	
26	韋氏命學講義	【民國】韋千里	民初二大命理家南袁北韋
27	千里命稿	【民國】韋千里	
28	精選命理約言	【民國】韋千里	北韋之命理經典
29	滴天髓闡微——附李雨田命理初學捷徑	【民國】袁樹珊、李雨田	命理經典未刪改足本
30	段氏白話命學綱要	【民國】段方	民初命理經典最淺白易懂
31	命理用神精華	【民國】王心田	學命理者之寶鏡

32	命學探驪集	【民國】張巢雲	
33	澹園命談	【民國】高澹園	發前人所未發 稀見民初子平命理著作
34	算命一讀通——鴻福齊天	【民國】不空居士、覺先居士合纂	
35	子平玄理	【民國】施惕君	
36	星命風水秘傳百日通	心一堂編	
37	命理大四字金前定	題【晉】鬼谷子王詡	源自元代算命術
38	命理斷語義理源深	心一堂編	稀見清代批命斷語及活套
39－40	文武星案	【明】陸位	失傳四百年《張果星宗》姊妹篇 千多星盤命例　研究命學必備
相術類			
41	新相人學講義	【民國】楊叔和	失傳民初白話文相術書
42	手相學淺說	【民國】黃龍	民初中西結合手相學經典
43	大清相法	心一堂編	
44	相法易知	心一堂編	重現失傳經典相書
45	相法秘傳百日通	心一堂編	
堪輿類			
46	靈城精義箋	【清】沈竹礽	
47	地理辨正抉要	【清】沈竹礽	
48	《玄空古義四種通釋》《地理疑義答問》合刊	沈瓞民	沈氏玄空遺珍 玄空風水必讀
49	《沈氏玄空吹虀室雜存》《玄空捷訣》合刊	【民國】申聽禪	
50	漢鏡齋堪輿小識	【民國】查國珍、沈瓞民	
51	堪輿一覽	【清】孫竹田	失傳已久的無常派玄空經典
52	章仲山挨星秘訣（修定版）	【清】章仲山	章仲山無常派玄空珍秘 門內秘本首次公開 沈竹礽等大師尋覓一生未得之珍本！
53	臨穴指南	【清】章仲山	
54	章仲山宅案附無常派玄空秘要	心一堂編	
55	地理辨正補	【清】朱小鶴	玄空六派蘇州派代表作
56	陽宅覺元氏新書	【清】元祝垚	簡易・有效・神驗之玄空陽宅法
57	地學鐵骨秘　附　吳師青藏命理大易數	【民國】吳師青	釋玄空廣東派地學之秘
58－61	四秘全書十二種（清刻原本）	【清】尹一勺	玄空湘楚派經典本來面目 有別於錯誤極多的坊本

62	地理辨正補註　附 元空秘旨　天元五歌　玄空精髓　心法秘訣等數種合刊	【民國】胡仲言	貫通易理、巒頭、三元、三合、天星、中醫
63	地理辨正自解	【清】李思白	公開玄空家「分率尺、工部尺、量天尺」之秘
64	許氏地理辨正釋義	【民國】許錦灝	民國易學名家黃元炳力薦
65	地理辨正天玉經內傳要訣圖解	【清】程懷榮	秘訣一語道破，圖文并茂
66	謝氏地理書	【民國】謝復	玄空體用兼備、深入淺出
67	論山水元運易理斷驗、三元氣運說附紫白訣等五種合刊	【宋】吳景鸞等	失傳古本《玄空秘旨》《紫白訣》
68	星卦奧義圖訣	【清】施安仁	
69	三元地學秘傳	【清】何文源	
70	三元玄空挨星四十八局圖說	心一堂編	三元玄空門內秘笈　清鈔孤本　過去均為必須守秘不能公開秘密　與今天流行飛星法不同
71	三元挨星秘訣仙傳	心一堂編	
72	三元地理正傳	心一堂編	
73	三元天心正運	心一堂編	
74	元空紫白陽宅秘旨	心一堂編	
75	玄空挨星秘圖　附 堪輿指迷	心一堂編	
76	姚氏地理辨正圖說　附 地理九星并挨星真訣全圖　秘傳河圖精義等數種合刊	【清】姚文田等	
77	元空法鑑批點本——附 法鑑口授訣要、秘傳玄空三鑑奧義匯鈔　合刊	【清】曾懷玉等	蓮池心法　玄空六法　門內秘鈔本首次公開
78	元空法鑑心法	【清】曾懷玉等	
79	曾懷玉增批蔣徒傳天玉經補註【新修訂版原（彩）色本】	【清】項木林、曾懷玉	
80	地理學新義	【民國】俞仁宇撰	
81	地理辨正揭隱（足本）　附連城派秘鈔口訣	【民國】王邈達	揭開連城派風水之秘
82	趙連城傳地理秘訣附雪庵和尚字字金	【明】趙連城	
83	趙連城秘傳楊公地理真訣	【明】趙連城	
84	地理法門全書	仗溪子、芝罘子	巒頭風水，內容簡核、深入淺出
85	地理方外別傳	【清】熙齋上人	巒頭形勢、「望氣」「鑑神」
86	地理輯要	【清】余鵬	集地理經典之精要
87	地理秘珍	【清】錫九氏	巒頭、三合天星，圖文並茂
88	《羅經舉要》附《附三合天機秘訣》	【清】賈長吉	清鈔孤本羅經、三合訣法圖解
89-90	嚴陵張九儀增釋地理琢玉斧巒	【清】張九儀	清初三合風水名家張九儀經典清刻原本！

91	地學形勢摘要	心一堂編	形家秘鈔珍本
92	《平洋地理入門》《巒頭圖解》合刊	【清】盧崇台	平洋水法、形家秘本
93	《鑒水極玄經》《秘授水法》合刊	【唐】司馬頭陀、【清】鮑湘襟	千古之秘，不可妄傳匪人
94	平洋地理闡秘	心一堂編	雲間三元平洋形法秘鈔珍本
95	地經圖說	【清】余九皋	形勢理氣、精繪圖文
96	司馬頭陀地鉗	【唐】司馬頭陀	流傳極稀《地鉗》
97	欽天監地理醒世切要辨論	【清】欽天監	公開清代皇室御用風水真本
三式類			
98-99	大六壬尋源二種	【清】張純照	六壬入門、占課指南
100	六壬教科六壬鑰	【民國】蔣問天	由淺入深，首尾悉備
101	壬課總訣	心一堂編	過去術家不外傳的珍稀六壬術秘鈔本
102	六壬秘斷	心一堂編	
103	大六壬類闡	心一堂編	
104	六壬秘笈——韋千里占卜講義	【民國】韋千里	六壬入門必備
105	壬學述古	【民國】曹仁麟	依法占之，「無不神驗」
106	奇門揭要	心一堂編	集「法奇門」、「術奇門」精要
107	奇門行軍要略	【清】劉文瀾	條理清晰、簡明易用
108	奇門大宗直旨	劉毗	天下孤本　首次公開
109	奇門三奇干支神應	馮繼明	虛白廬藏本《秘藏遁甲天機》
110	奇門仙機	題【漢】張子房	奇門不傳之秘　應驗如神
111	奇門心法秘纂	題【漢】韓信（淮陰侯）	
112	奇門廬中闡秘	題【三國】諸葛武侯註	
選擇類			
113-114	儀度六壬選日要訣	【清】張九儀	清初三合風水名家張九儀擇日秘傳
115	天元選擇辨正	【清】一園主人	釋蔣大鴻天元選擇法
其他類			
116	述卜筮星相學	【民國】袁樹珊	民初二大命理家南袁北韋
117-120	中國歷代卜人傳	【民國】袁樹珊	南袁之術數經典